作者简介

陈志刚，湖北武汉人，管理学博士。现为武汉大学经济与管理学院讲师。主要讲授物流供应连管理、统计学和微观经济学等课程。目前承担教育部人文社科项目一项、横向项目三项。在《系统工程理论与实践》、《运筹与管理》等刊物发表相关文章10余篇。目前主要从事库存理论相关研究。

管理学论丛

本著作为武汉大学自主科研项目(人文社会科学)研究成果，得到“中央高校基本科研业务费专项资金”及教育部人文社科青年基金项目（10YJC630028）资助

多模式加速的可控提前期库存问题研究

陈志刚 著

WUHAN UNIVERSITY PRESS
武汉大学出版社

图书在版编目(CIP)数据

多模式加速的可控提前期库存问题研究/陈志刚著. —武汉：武汉大学出版社,2015.7

管理学论丛

ISBN 978-7-307-15594-7

Ⅰ.多… Ⅱ.陈… Ⅲ.库存—仓库管理—研究 Ⅳ.F253.4

中国版本图书馆 CIP 数据核字(2015)第 076765 号

责任编辑:唐 伟　　责任校对:汪欣怡　　版式设计:马 佳

出版发行：**武汉大学出版社**　（430072 武昌 珞珈山）

（电子邮件：cbs22@ whu. edu. cn　网址：www. wdp. com. cn）

印刷:武汉中远印务有限公司

开本:720 × 1000 1/16　印张:11　字数:156 千字　插页:1

版次:2015 年 7 月第 1 版　2015 年 7 月第 1 次印刷

ISBN 978-7-307-15594-7　定价:28.00 元

前　言

著名的学者 S. L. David 定义供应链管理是用于有效集成供应商、制造商、仓库与商店的一系列方法，通过这些方法，使生产出来的商品能以恰当的数量，在恰当的时间，被送往恰当的地点，从而实现在满足服务水平要求的同时使系统的成本最小化。随着经济全球化进程的日益加快和普及，供应链管理面临着许多新的挑战。

全球化生产和外包，顾客对产品质量个性化的追求等都导致生产时间显著延长。然而与此同时新产品的生命周期显著缩短，市场竞争日益激烈，成本、顾客服务水平的要求日益提高，这些都要求提前期尽可能短。这两者间的矛盾导致提前期管理十分困难，但同时对提高供应链运作的效率有巨大的影响。提前期管理引起了许多学者的兴趣。已经有学者开展了大量的研究，如快速响应、多供应商的选择和分段线性可控提前期模型等。然而大多数的研究都没有考虑企业可以自由地缩短提前期，或者简单地假设缩短提前期的成本为分段线性函数，这些使结果的运用受到了较大的限制。

本书首先考虑提前期成本为非线性函数，扩展了模型的适用范围。进一步将预测过程和提前期决策过程结合起来，动态地考虑企业如何决策提前期。在不同的供应链环境中建立模型，证明最优库存策略的存在性和唯一性，并给出了具体的求解算法。通过敏感性分析和数值算例等手段说明供应链管理中控制提前期的必要性。全书共分七章。

第一章说明库存管理与可控提前期相关的基本理论和概率的意义。

第二章回顾供应链相关文献综述。分缩短提前期对生产和库存管理的意义、不可控提前期和可控提前期、市场需求信息传递和预测四个部分对提前期研究现状进行综述，定位本书的研究内容。

第三章为基于折现的可控提前期库存问题研究。首先完善已有研究，给出了唯一最优解的证明。进一步考虑当提前期成本为幂函数关系时，证明存在唯一全局最优的订货量、安全系数和提前期使总折现成本最小，并给出二分法求解算法。分析了缩短提前期、利率和提前期需求分布对库存策略的影响。

第四章为基于折扣水平的可控提前期库存问题研究。问题在研究部分(1)的基础上，进一步考虑零售商可以通过努力来减少顾客流失率，证明存在唯一全局最优订货量、安全系数、提前期和折扣水平使单位时间总成本最小，建立二分法求解算法。分析了缩短提前期、折扣水平和提前期需求分布对库存策略的影响。

第五章为基于供需一体化的可控提前期库存问题研究。考虑单一生产商和单一零售商，协作制定库存策略使单位时间总成本最小。零售商向生产商订货，向市场销售。证明存在唯一的全局最优订货量、安全系数、提前期和运输批次使单位时间总成本最小，建立二分法求解算法。分析了缩短提前期、一体化库存管理、多次运输和提前期需求分布对库存策略的影响。

第六章为基于预测更新报童模型研究。考虑一个单周期的报童模型，零售商可以在计划时段内任意时刻订货。零售商连续不断地收集市场信息，对未来的市场需求进行预测。然而离销售季节越近，采购成本就越高。因此零售商必须在某一时刻决策究竟是等待继续收集市场信息，在未来能够更精确地匹配市场供给的需求，还是立刻订货，有充足的生产时间，采购成本最低。我们证明零售商的最优订货策略仍为 Base Stock 策略。并通过敏感性分析研究了采购成本和信息价值对库存决策的影响。进一步地，当提前期较短时，生产成本会较高，同时生产能力也会减小。当存在生产能力时，我们证明零售商的最优订货策略仍为 Base Stock 策略，并给出了求解算法。

第七章为结束语。回顾本书主要内容，展望未来研究方向。

本书写作侧重于理论模型，试图给出具体库存管理策略和计算方法。适合人群主要包括，企业中供应链管理人员、高年级的本科生或研究生及科研人员等。本书写作过程中得到教育部人文社科青年基金项目(10YJC630028)和中央高校基本科研业务费专项资金资助。在此表示感谢。

目 录

第一章　市场需求预测和时间成本

随着互联网和电子商务技术的出现，全球市场竞争日益激烈。新产品的生命周期越来越短，顾客对产品个性化和服务的要求不断提高。同时企业降低成本，提高生产率也变得越来越困难。这些都促使企业开始关注供应链管理。

最简单的典型供应链由生产商、零售商和顾客组成。生产商接到零售商订单后，采购原材料，在工厂里生产产品。产品生产出来后，将成品运往仓库暂时储存。当货物满足订单要求后，成批运往零售商。零售商收到货物后首先将货物存放在自己的仓库中。然后根据顾客的市场需求，不断地从仓库中取出货物放在货架上进行销售。即使我们从网上订货，这一过程也仍然是存在的。在生产环节与传统的方法一样，不同的是在零售环节顾客并没有在商店的货架里见到实际的货物。当网上的商店接到订单以后，零售商通过快递将货物发送给顾客。无论是传统方式还是网上订货，过程都很复杂，需要考虑不同层次上各环节的交互作用。David Simchilevi 将供应链管理定义为：供应链管理是用于有效集成供应商、制造商、仓库与商店的一系列方法，通过这些方法，使生产出来的商品能以恰当的数量，在恰当的时间，被送往恰当的地点，从而实现在满足服务水平要求的同时使系统的成本最小化[1]。

美国国家半导体公司专门生产传真机、蜂窝电话、计算机和机车等使用的芯片，目前在美国有 3 个晶片制造厂，在英国有 1 个晶片制造厂，在马来西亚、中国和新加坡还有大量的测试和装配厂。其产品经过装配后将被运往遍布全球的数百个客户。这些客户包括苹果、IBM、惠普、西门子、佳能和福特等公司。这些客户地理位置分散，同时他们对产品的服务要求较高。较短的提前期和按期交付是顾客服务水平的主要衡量指标。国家半导体公司做到了 45 天内 95% 的顾客可以收到订单，90 天内几乎百分之百能收到订单。为了达到这一目标，国家半导体公司使用了大约 2 万条不同的航线。然而顾客仍然希望进一步提高服务水平，希望自己必定能属于 95% 的 45 天内顾客。

从这个例子可以看出，供应链是非常复杂的。然而更糟糕的是供应链环境是不确定的，有非常多的因素会影响供应链。导致这种情况有许多原因，主要包括：

(1) 匹配供应与需求。

(2) 即便顾客对特定的产品需求变化不大，供应链中库存和缺货水平波动也会很大。

(3) 预测不解决问题。实际上所有预测过程的第一原则是“预测总是不准确的”。

(4) 需求并不是影响不确定的唯一因素。提前期、制造产出、运输时间以及可靠性都会对供应链有显著影响。

(5) 近年来致力于降低成本的一些趋势，比如精益生产、外包和离岸化都显著地增加了风险。

既然供应链网络十分复杂，供应链环境是不确定的。那么有没有可能完美地匹配供给和需求呢？现实中存在自来水管系统可以实现供给和需求的较完美匹配。我们不需要在家中储存大量的水，任何时候当我们想用水时，只需要打开水龙头，水就可以立刻流出来了。自来水系统有一个重要特点就是具有很好的流动性，打开龙头水就会来。相当于供货的提前期为零。然而现实中大多数情况下发出订单后，货物不能立刻到达。在供应链管理中提前期是指从发出订单到收到货物的时间。通常提前期是不为零的，这也造成了供给和需求之间匹配的困难。

1.1　市场需求预测

供应链管理中的核心问题之一是库存管理。库存是为了满足未来需要而暂时闲置的资源。库存无处不在，生产企业如钢铁厂附近总有堆积如山的煤炭和矿石，有巨大的仓库存储数不清的一卷卷钢材。大型超市总有一眼望不到头的仓储。作为世界级的在线零售店，亚马逊在全球遍布着80个大型转储中心，占地面积超过28个足球场。即使在我们自己家里，也会有一个冰箱储存我们最近几天的食物，一个衣柜储存我们的衣服等。库存是普遍的、随处可见的。

库存十分重要。大到从国家的角度，美国每年的库存成本超过1万多亿美元，约为全美商品零售总额的10%。库存数量的多少影响着国家经济的状况。一些重要物品的库存，如粮食、石油等经常成为社会最关注的焦点。

从企业的角度，库存是衡量企业服务水平的重要指标。缺货会导致顾客的不满，降低对企业品牌的满意度，转向替代产品。有的时候缺货是绝对不允许的，譬如医院里的急救药品等。企业可以储存大量的库存来维持良好的服务水平，然而过高的库存通常意味着高昂的成本。目前有种趋势，简单地认为库存是运作过程中无效率的产物，应该消除库存。然而这样的企业往往会发现，经常处于缺货状态。一些短视的操作会使企业在缺货和库存积压状态不断循环。

在供应链管理中，库存主要是受需求的驱动。如果要高效地管理库存，就必须对市场需求有一个准确的预测。供应链有两种驱动模式——拉动式和推动式。推动式是以生产为主，必然建立在对未来市场需求准确预测上，企业才能预先生产出符合市场需求的产品。拉动式是以顾客需求为主，但是我们仍然需要对市场需求进行预测，决定企业的生产能力、运输能力和仓储能力等。因此无论供应链是推动式还是拉动式，都需要对市场需求进行预测。市场需求预测是根据以往的市场需求信息，利用统计学的方法对未来的市场需求做出某种预测。许多大型的跨国公司投入大量的资金和人力物力用于市场需求的预测。对市场需求预测更准确的企业，就可以采用较便宜的生产方式，较慢速的运输工具，来满足市场的需求。而无法准确预测市场需求的企业，必须时刻准备更改自己的生产计划，采用快速的运输工具，具有较高的生产成本和运输成本。如

Fisher 等观测到[2]，服装企业总是尽可能地通过一切手段来预测市场需求。利用早期的市场需求预测是服装企业成功的必要手段之一。在其他行业，如计算机、电子芯片业观测到了类似的现象。

在过去 20 年里，信息技术的出现极大地增强了人们获取、整理和交换信息的能力。新的技术如 CRPS（Continuous-repenishment Programs），VMI（Vendor-managed-inventory）等都取得了巨大的成功。大量的资金投入企业的信息化建设中。另外，顾客对服务水平的要求也越来越高，顾客希望货物尽快到达手上。当缺货时，由于市场竞争日益激烈，成本并不总是顾客唯一考虑的因素，服务水平是一个很重要的衡量指标。缺货时顾客更容易选择替代产品。因此企业都尽可能地提高服务水平。对于一些电子商务企业，服务水平的要求就更高。如亚马逊或京东都承诺 24 小时以内送达货物。这些都对供应链管理系统提出了严峻的挑战。在这种严峻的挑战形势下，企业必须结合信息化技术对市场需求预测信息作出充分的预测。

1.1.1　市场需求预测的特点

企业和供应链管理者应该了解到，市场需求预测具有以下特点。

（1）预测总是不精确的。我们有许多途径来收集数据，预测未来的市场需求，如过去的市场需求，类似产品的市场需求，具有相同特性产品的市场需求（喜欢红色衣服的顾客有多少）。尽管预测技术和预测理论有很多，然而预测始终仅仅是预测。我们可以选择合适的预测方法，搜集准确的预测相关数据，但是预测始终不是真实的市场需求。所以我们必须兼顾预测和预测误差。如两家企业，甲企业的市场需求预测每年 10000 件，乙企业市场需求预测每年 9000 到 11000 件。虽然甲乙两家企业市场需求预测的均值都是每年 10000 件，但是乙企业给出了预测的误差，因此乙企业预测结果更好。企业进行预测时，尽量同时提供预测值和预测误差。仅有预测值，而没有预测误差，这样的结果是不可信的。但遗憾的是大多数企业没有对预测误差进行估计。甚至许多企业对市场需求预测并不重视，企业的历史数据部分丢失，并没有仔细保存。

(2)预测的时间跨度越大，则预测的精度越低，从统计上来讲，预测的时间越长，则预测的标准差越大，日本的7-11公司充分利用这种预测性质来改善其运作的绩效。该公司努力缩短预测的时间跨度，即尽可能地缩短提前期，使得该公司能够在数小时内完成补货流程。例如，如果商店经理在上午十点前下订单，那么当天晚上七点前，订单货物就可以到达。商店经理仅仅需要对当天晚上的销售情况进行预测。较短的提前期使得商店经理能精确地掌握天气情况、产品最近的销售趋势以及各种突发事件的影响。而其他一些超市，订货期长达一个月甚至更久，订货难度将要大很多，对销售情况的掌握，突发事件的应对也会非常困难。商店经理会发现自己的库存始终处于剧烈的波动状态。

(3)综合预测往往比分解预测更精确。根据统计学知识，均值的方差是样本方差的N分之一，其中N为样本数量。例如，在2%的范围内预测中国一年的国内生产总值并不困难，然而在2%的误差范围内预测一家企业的年收入就要困难得多。在相同的条件下预测企业某种产品的收益就更加困难。因此企业进行预测时不仅仅需要关注企业自身的销售数据，还要尽可能地获取各种销售数据的来源，如类似产品的销量，具有相同特质产品的销量，顾客的喜好程度等。

(4)预测企业越靠近供应链的上游，订货量波动的幅度就会不断地放大，因此企业月初与供应链的上游预测的误差就越大。

1.1.2 预测的组成及预测方法

任何预测值都由两部分组成，预测值和随机误差。其中预测值是指需求的期望值。它反映的是需求水平剔除随机因素后的值，反映的是变化的趋势。通常有三种趋势——趋势性、周期性、季节性。趋势性是一种长期的上涨或者下降的趋势。这种趋势可以是线性的也可以是非线性的。如在中国过去十年房价总体呈上涨趋势，钢材价格呈逐年下降趋势。季节性表现为在相当长的一段时间内重复上升和下降的移动，如啤酒的销量随着春夏秋冬的变化而循环波动。棉衣的销量也随着气温的变化循环波动。季节性有明确的周期，一般是一年。周期性表现为重复上升和下降的移动，但没有明确的时间界限。如经济危机的发生，房地产的价格，石油价格，各种资源的价格，在范围内上下波动，但是周期很长，而且周期的长度是不固定的。企业遇到的预测值，往往并不是简单的趋势性、周期性或者季节性，而是一种、两种甚至三种的混合。我们进行预测要将每一种趋势分离开来，这样才能够精确地预测结果。预测中的随机成分反映的是预测值代表真实值的程度。随机成分越小则预测精度越高。随机性可以分为系统误差和随机误差两类。系统误差是不能够消除的，而随机误差可以通过增大数据量来减少。

预测的方法可以分为两大类：定性预测和定量预测。

(1)定性预测。

当相关数据比较少的时候，或者一种新产品刚刚研制出来时，数据量较少，预测主要依赖人的主观判断，通常来说预测误差比较大。定性预测要根据管理层和专家的意见来进行预测，定性预测也是企业开始制订长期战略规划时最常使用的方法。企业内部的小组或者个人关于未来的判断和意见比专家的意见更为有效。

(2)定量预测方法。

学者们已经研究出了大量的定量预测方法。常见的有时间序列预测法、因果关系预测法、仿真法等。时间序列法应用历史需求数据对未来需求进行预测。时间序列适合于每年基本需求模式变化不大的情况，可以采用移动平均获得指数平滑的计算方法。因果关系预测法假定当某些环境因素高度相关时，利用这些环境因素与需求之间的关联性来进行预测，主要统计学知识是回归。

企业通常很难决定到底使用哪一种预测方法最合适。实际上研究表明多种预测方法相结合使用，会得到更为有效的结果。

1.2 时间成本

“时间就是金钱”是广为人知的一句谚语，这也反映了供应链管理中的两个核心要素——“时间和成本”。随着市场竞争的加剧和顾客对服务水平要求的不断提高，各种市场包括工业市场、零售市场等都变得对时间越来越敏感。时间为影响顾客选择的重要因素。在满足成本、质量的前提下厂商倾向于选择提前期最短的供应商，顾客选择购买时所能见到的产品。当发生缺货，顾客或厂商会选择其他的替代产品。如果不认识到时间是竞争中的重要因素，不能满足快速变化的市场需求，损失将会非常严重。1994 年当时最大的电脑生产商康柏电脑，由于缺货而造成的损失在 5 亿与 10 亿美元之间[1]；相反，在 20 世纪 90 年代里 Larura Ashley 零售商发现自己遭受巨大的财务压力，由于供应链管理中的失败，经常在不适合的地方存储过多库存。当考虑库存成本时，有时市场销售价格显著地低于产品的实际成本[2]。

在供应链管理中，提前期是指厂商从发出订单到收到货物的时间。在当前全球化市场经济条件下，基于时间的竞争是形成供应链竞争优势最有力的来源，而缩短提前期是基于时间竞争战略的核心[3]。每天每个库存都会有库存成本，同时供应链周期长度与库存量大小有密切关系，较长的提前期意味着较长的供应链周期长度、低效率和较慢的顾客反应。在今天激烈竞争的市场环境中，高成本、低效率的行为会导致企业在竞争中衰退和失败。

缩短提前期可以：(1)减少预测风险。所有的预测方法都会有误差，随着时间的增加这种误差会越来越大。传统方法是增加安全库存来应付预测的误差。然而缩短提前期无疑是最好的解决方法，既降低预测的误差又减少安全库存。(2)提高顾客服务水平，降低库存成本。缩短提前期可以缩短库存周期长度、更快速地服务顾客和降低库存成本，并使企业从提高顾客服务水平与增加库存成本的权衡中脱离出来，可以同时选择更低的库存成本和更高的服务水平。(3)快速响应。今天市场变化十分迅速，产品生命周期越来越短。因此企业不仅需要快速地进入市场，进入市场后，如何及时地响应市场的变化同样重要。较短的提前期可以使企业更快速地响应市场变化，减少牛鞭效应，增加供应链的柔性和健壮性。

提前期通常由多个环节组成：如订货准备、订单传递、供应商的制造时间和运送时间等[4]。在某些情况下，通过不同的选择，这些环节可以被缩短。信息技术的快速发展、供应链管理理念不断提升和供应链双方良好的协调、先进的生产和制造工艺、工人加班和快速的运输方式，这些都使得缩短提前期成为可能[5]。因此在实际中可以通过付出额外的成本来缩短提前期，即可以控制提前期，取得时间竞争上的优势。

供应链管理包含的范围非常广泛，除了要能有效整合上下游作业流程，交货时间，顾客服务水平也是供应链管理的核心要素。供应链管理的目标，是将单向的物流及资金流，与双向的信息流相结合，将供应商、制造商、配送中心、零售商与最终顾客结合在一起，追求共同利益最大化的管理模式。库存管理是供应链中重要的一环。供应链中的物流，包含三种不同形式的库存：原物料库存、半成品库存及制成品库存。每一种形式的库存，无论是企业内部的物流，还是企业外部的物流，都需要库存管理。库存管理就是掌握且控制企业经营过程所需要各种形式存货的最适库存量，让适当的物品，在适当的时间，以适当的数量出现在适当的场所，帮助企业赚取最大的利润或付出最少的成本[3]。库存管理与企业经营密切相关，任何企业都必须维持一定量的库存。在决定库存量时，主要考虑的因素有：订货成本、库存成本、缺货成本及投资资金的机会成本、顾客服务水平等。库存量过多会占用大量企业流动资金、增加库存成本和使企业缺乏柔性；反之，库存量过少则会影响服务水平、降低生产率及增加订货成本。因此，如何决定适合的库存量，是企业管理中一个重要的课题。

时间是供应链和库存管理中必须考虑的核心要素。在过去经济不发达时，价格是决定购买的主要因素。现在尽管价格仍然是一个决定因素，厂商和顾客选择货物时，时间成本也成为一个重要的决定要素。时间成本为顾客必须等待到货，或者选取其他货物所付出的额外成本。供应商如果不认识到时间是竞争中的重要因素，不能满足快速变化的市场需求，损失将会非常严重。在供应链管理中，对时间的需求主要有以下驱动力[4]。

(1) 不断缩短产品生命周期的需求。

在产品生命周期越来越短的情况下，需要尽可能快地研发新产品，生产并满足市场需求。这种快速研发、生产和物流能力是企业的核心竞争能力之一。不仅快速地进入市场十分重要，进入市场后，如何及时地响应快速的市场需求变化同样重要。

(2)顾客的要求需要降低库存。

传统的库存管理认为提高顾客服务水平，满足顾客需求的方法为供应商增加库存。然而这仅仅是使供应链中一端的库存移向另一端，实际上整个供应链的成本或许会更高。因此供应商应该在尽可能的情况下采取快速响应措施，来缩短整个供应链的周期，更快速地服务顾客，企业管理更具有柔性，降低整个供应链的成本，并使企业从顾客服务水平和增加成本的权衡中脱离出来，可以同时选择更低的成本和更高的服务水平。

(3)预测风险。

对于大多数的企业来说，必须持续不断地对未来作预测，并调整自己的管理。然而市场是不断变化的，市场竞争、新产品的进入、产品价格的变动或促销等活动都会导致市场需求的变化。不管采用的预测技术多么先进，预测就是预测，只不过是对未来的信息了解得更多，但无法准确预测多变的市场。所有的预测方法都会有误差，随着时间的增加这种误差会越来越大。传统方法是增加安全库存来应付预测的误差。然而缩短时间无疑是最好的解决方法，既降低预测的误差又减少安全库存。

在库存管理中，提前期指厂商从发出订单到收到货物的时间。在过去 20 年里，准时化生产方式(Just-in-Time)在日本取得了巨大的成功并在全世界范围内广泛地应用，Schonberger 发现日本企业在运用 JIT 技术过程中都努力缩短提前期，并且所付出的努力与使用 JIT 技术得到的收益大小密切相关[5]。信息技术的快速发展，供应链管理的不断提升，供应链双方更加良好的协调都使得缩短提前期成为可能。即通过付出努力，可以缩短提前期来获得时间上的竞争优势。

本书研究不同供应链环境中，企业如何权衡时间和成本，决策最优提前期的大小使单位时间总成本最小，并分析缩短提前期对库存管理的影响，为企业进行基于时间的库存管理提供理论参考依据。

1.3　研究内容与技术路线

本书主要研究供应链环境下，考虑市场需求随机性和缺货损失时，时间和成本的权衡问题。决策最优提前期、订货量、安全系数等使单位时间总成本最小，并分析影响库存策略的主要因素。具体研究内容分以下4个部分。

(1)基于折现的可控提前期库存问题研究。

首先完善文献[6]，给出了唯一最优解的证明。进一步考虑当提前期成本为幂函数关系时，证明存在唯一全局最优的订货量、安全系数和提前期使总折现成本最小，并给出二分法求解算法。分析了缩短提前期、利率和提前期需求分布对库存策略的影响。

(2)基于供需一体化的可控提前期库存问题研究。

考虑单一生产商和单一零售商，合作制定库存策略使单位时间总成本最小。生产商生产货物，零售商向生产商订货，采用多次运输方法。首先考虑提前期成本为分段线性函数，指出 Ouyang、Wu 和 Chia[7]模型中求解算法的瑕疵，证明了当提前期需求为正态分布或分布未知时，均存在唯一全局最优订货量、安全系数、提前期和运输批次使单位时间总成本最小，并将枚举算法改进为简单易行的二分法算法。进一步研究提前期成本为幂函数，证明存在使单位时间总成本最小的唯一最优库存策略，并给出求解算法。分析了缩短提前期对库存策略的影响，分析比较了多次运输和单次运输、提前期需求分布、一体化决策与分散决策对库存策略的影响。

(3) 基于折扣水平的可控提前期库存问题研究。

当发生缺货时，零售商可以采取很多手段来减少顾客的流失，如记录顾客的信息，等有货的时候打电话通知顾客或者送货上门，许诺下次购买给予折扣或赠送小物品。因此零售商通过付出额外的成本是可以提高押后订单比例的。在研究部分(1)的基础上，进一步考虑零售商可以决定折扣水平，同时决策最优订货量、安全系数、提前期和折扣水平使单位时间总成本最小，并分析了缩短提前期、折扣水平和提前期需求分布对库存策略的影响。

(4)基于预测更新的报童模型研究。

考虑一个单周期的报童模型，零售商可以在计划时段内任意时刻订货。零售商连续不断地收集市场信息，对未来的市场需求进行预测。然而离销售季节越近，采购成本就越高。因此零售商必须在某一时刻决策究竟是等待继续收集市场信息，在未来能够更精确地匹配市场供给的需求，还是立刻订货，有充足的生产时间，采购成本最低。我们证明零售商的最优订货策略为 Base Stock 策略，并通过敏感性分析研究了采购成本和信息价值对库存决策的影响。进一步，当提前期较短时，生产成本会较高，同时生产能力也会减小。当存在生产能力时，我们证明零售商的最优订货策略仍为 Base Stock 策略，并给出了求解算法。通过数值算例说明了我们的结论。研究的技术路线见图 1-1。

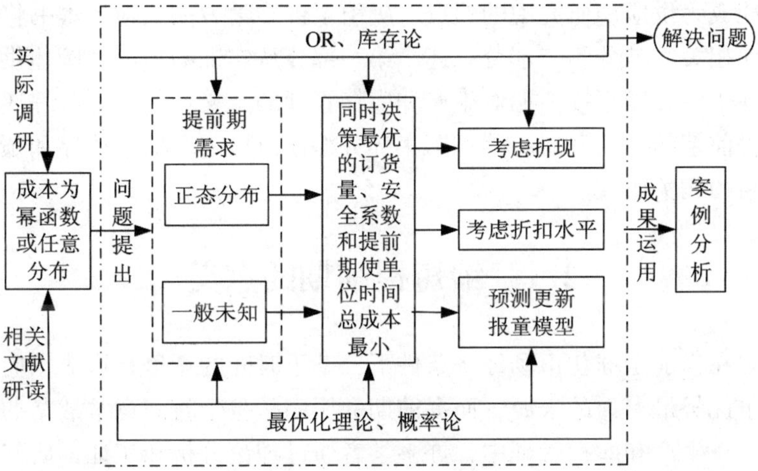

图 1-1 研究的技术路线

第二章 提前期相关研究文献综述

提前期是指厂商从发出订单到货物到达后的时间。市场需求的不确定性和提前期的存在是缺货产生的主要原因。在当前全球市场竞争环境下，产品品种越来越丰富，市场竞争更加激烈，市场需求变化更加迅速，缺货损失也更大。虽然可以通过增加库存的方法来减少缺货概率，提高顾客服务水平，但会增加库存成本和占用大量企业流动资金，并使企业缺乏柔性。缩短提前期可以减少安全库存和缺货损失、降低库存成本和提高顾客服务水平。因此近年来，提前期成为供应链研究中的热点，吸引了许多学者的兴趣。本书将提前期相关文献分为三部分综述。第一部分从实证的角度，阐述供应链环境中，缩短提前期对生产和库存管理的意义；第二部分综述可控提前期的研究发展历程；第三部分综述市场需求信息传递和预测更新的相关研究。

2.1 缩短提前期的意义

在当前全球化市场经济条件下，基于时间的竞争是形成供应链竞争优势最有力的来源，而提前期的压缩是基于时间竞争战略的核心。在生产和库存管理中，许多学者通过理论分析和实证，研究了提前期管理和缩短提前期的意义。

Tatsiopulos 和 Kingsman[8] 研究了生产系统和分销系统，指出生产商的提前期通常较长而且不准时。提前期内使价值增值的过程，一般不超过 10%，大部分时间里原材料或产品以库存形式存放。在生产商的计划和控制系统领域中，Tatsiopulos 和 Kingsman 提出了两种不同的措施来管理提前期。第一种方式将提前期看成分散、不可控制的环节，采用预测方法，强调减少预测误差；第二种方法设法控制和管理提前期，使提前期接近或达到预先制定的计划水平。研究表明在生产中第二种方法通常会有更好的效果，然而实施第二种方法需要生产商和供应商的密切配合。

Richard 和 Alan[9] 指出，传统的生产管理中，强调采用自动化、计算机、机器人生产等技术来加快生产，然而 80% 或更多的时间产品在流通过程中闲置，控制产品的闲置时间，可以通过付出较少的成本，而显著地提高周转效率。Richard 提出了 15 种手段来控制闲置时间：(1)减少 BOM(物料清单)的层级；(2)减少物料储存空间；(3)再设计 MRP 流程；(4)针对产品加工，成组布置连续的工作流程，形成加工中心；(5)扩大制造工艺(路线)文件的范围；(6)在准备期内同时进行多种制造资源的调度，降低生产准备时间；(7)每个工作单元保持一定的冗余能力；(8)重视预防性维护；(9)日常的生产调度审查；(10)针对于不同产品，主生产计划采用相应的时间栅栏；(11)减少供应商的数量；(12)充分利用系统生成的每张订单(包括空白订单)；(13)建立采购的产品物料清单；(14)参与供应商内部质量保证程序；(15)合并物料计划和采购的职能。

Perry[10] 指出提前期管理对任何库存系统都十分重要。提前期长度的均值方差直接影响库存的效率、市场预测的准确性、库存周转率和持有库存的风险。如果零售商没有进行有效的提前期管理，则会导致企业对市场需求的响应率较低，无效库存持续增长。而采用提前期管理的企业，尤其是采用 JIT 系统的企业，通常会花大量精力去控制时间敏感性环节。研究表明，采用提前期管理的厂商，提前期通常在 45 到 365 天，而没有采用提前期管理的厂商提前期则为 150 到 500 天。即使不考虑供应商，外部市场等条件的影响，提前期管理也能取得良好的效果。

Marlin[11] 在生产系统中强调了预测提前期的精度对生产系统的影响，定义了提前期预测误差，即预先计划的提前期长度和实际提前期长度之间的差值，讨论了预测误差对系统性能和库存管理的影响。研究表明平均预测误差对生产系统的性能有非常显著的影响。

预测误差越大，库存的效率就越低，相应地要求服务水平更高。减小预测误差的最主要手段不是控制提前期来达到计划水平，而是通过不断获得并运用最新的信息，去调整计划和管理提前期，当预测误差较大时，更改计划是一个有效解决问题的办法。

Horscroft 和 Braithwaite[12]指出大部分生产商只考虑如何以最低的成本生产、提高生产效率和产品质量。1988 年以来，在欧洲，集中化制造(Centralized Manufacturing)和跨区域销售，开始为大多数企业所采用。这种生产关系和组织的变化会导致提前期增加，组织关系和生产关系复杂。提前期变长会增加计划、调度的难度，极大增加库存的层级和库存持有成本，这些问题的存在，降低了集中制造的优势，使得本地生产商有机会超过外地的供应商。

Wacker[13]指出随着全球市场竞争的加剧，生产商需要同时实现多个目标，如质量、交付时间、成本、柔性等。Wacker 研究了生产商中提前期与生产程序和生产目标的关系。研究表明提前期的不确定性使得生产目标难以被控制和实现。为了控制提前期的不确定性，成功的企业必须关注早期计划的制订，保证运输的可靠性，减少运输成本和运输时间，及时对变化做出反应。

Rho 和 Yu[14]研究韩国和日本生产企业中，提前期长度和生产运作的关系。分析提前期长度与设计、制造、生产计划、过程控制、物料管理和质量之间的关系。研究表明，在日本只有过程控制对提前期长度有显著影响，生产率也随之提高，然而其他因素对提前期长度并没有显著影响。在韩国过程控制对提前期有显著的影响，同时生产计划和质量对提前期长度也有一定有影响。

Bertolini，Bottani 和 Rizzi[15]研究了一家意大利鞋厂采用 ICT(信息和通信处理技术)来缩短提前期。研究结果表明采用 ICT 工具如 ERP、MRP、SCMS(供应链管理系统)等可以显著地缩短提前期。随着提前期的缩短，企业与供应商和顾客之间的联系更加密切。

Weng[16]研究了澳大利亚芯片厂对提前期管理案例，指出获得更短的提前期，不是要对供应商施加压力，而是全面地分析问题，综合缩短提前期。

Treville 和 Shapiro[17]对比分析了预测市场需求与缩短提前期对供应链管理的影响，指出许多管理人员认为缩短提前期成本较高，而精确预测可以替代缩短提前期的作用。然而实际中，许多企业花费大量精力进行预测，却并没有获得良好的效果。在大多数情况下，缩短提前期是较好的选择。Treville 和 Shapiro 给出了以下建议，当市场需求变化较大时，需要做到：(1)预测市场需求精度大小，取决于供应商的提前期长度大小；(2)当提前期较短时，快速的信息传递是最重要的；(3)与供应商保持信任和持久的关系十分重要；(4)优先缩短提前期。

Tersine 和 Huingbird[18]指出虽然不同的市场环境对战略有不同的要求，然而所有的企业都可以通过基于时间的竞争战略获得利益。传统的长提前期和高库存不适合现代的竞争。为了压缩响应时间必须重视每一个环节，包括设计、生产、制造、订单和分销等环节。缩短提前期可以获得多方面的时间竞争优势，减少生产、运输和分销等环节的不匹配，降低库存、降低成本、提高产品质量。随着提前期的缩短，顾客服务水平提高，因而顾客也愿意用更高价格来购买产品。

Bjork 和 Carlsson[19]研究了一家造纸厂案例，当前激烈的市场竞争使得该企业努力减少库存，然而生产计划的制订和库存的管理是互相抵触的两个行为。需要考虑在满足生产计划的条件下尽量合理地减少库存，同时在生产和分销总系统中保持柔性是十分重要的，这里主要考虑增加生产环节的柔性来实现目标。分别当提前期固定为 20 天时和提前期具有柔性时，建立总成本目标函数表达式，通过的调研，收集造纸厂的实际数据，运用遗传算法求解最优解。计算结果表明当提前期长度有柔性时，即使很微小，只在提前期固定的基础上前后浮动 1 天，则可以节约 24% 的成本，说明柔性提前期可以显著地降低总成本。

2.2　不可控提前期库存模型

由于通常市场需求是不确定的，在随机市场需求的条件下，进行供应链管理就必然要考虑提前期。大量的供应链模型中研究了提前期，然而传统的研究中大多假定提前期为预先给定的随机变量或常量，即不由人们控制。本节将回顾不可控提前期模型，主要介绍提前期性质的相关研究，并将这类文献分为两部分综述：(1)提前期需求分布的确定；(2)基于提前期的安全库存和服务水平研究。

2.2.1　提前期需求分布的确定

提前期需求是指厂商从发出订单到收到货物这段时间内的市场需求。当考虑提前期时，提前期内市场需求分布决定了缺货量的大小，是提前期研究中主要考虑的因素。了解提前期需求分布也是进行有效供应链管理的基础。在随机库存模型中，关于提前期需求分布的研究可以分为两类：(1)用已有的概率分布模拟提前期需求分布；(2)根据已有数据计算提前期需求分布。

(1)用已有的概率分布模拟提前期需求分布。

Gross 和 Ince[20]首先研究了提前期需求为泊松分布时，建立库存模型，分别求解 EOQ 模型的最优订货量和周期盘点模型最优周期。

Burgin[21]考虑提前期需求分布为 gamma 分布时，采用连续盘点策略的库存模型，决策最优订货量和订货点使单位时间总成本最小。

Yeh 和 Chang[22]考虑提前期需求分布和提前期长度均为 gamma 分布时，市场需求量较小时，采用连续盘点策略的库存模型，并采用图形辅助法求解最优订货量和订货点。

Tadikamalla[23]考虑提前期需求分布为 inverse gamma 分时，采用连续盘点策略的库存模型，决策最优订货量和订货点使单位时间总成本最小。

Tadikamalla[24, 25]研究分别用对数正态分布、gamma 分布和高斯分布模拟提前期需求分布，采用连续盘点策略的库存管理问题，通过比较，Tadikamalla 认为采用对数正态分布模拟提前期需求会有较好的模拟结果。

Shiang 和 Min-Chiang[26] 比较了 5 种不同的提前期需求分布：正态分布、对数分布、对数正态分布、gamma 分布和 weibull 分布，采用连续盘点策略，决策最优订货量和订货点使单位时间总成本最小。研究结果表明当市场需求自相关系数较大时，对数分布和正态分布不适合模拟提前期需求分布，而对数正态、gamma 分布和 Weibull 分布受市场需求的自相关系数影响较小。

(2)根据已有数据计算提前期需求分布。

Shiang 和 Min-Chiang[26] 考虑市场需求为任意分布和自相关时，如何估计提前期需求分布。数值算例表明，当不考虑市场需求自相关效应时，对提前期需求分布的估算往往会有严重的误差。

Lau 和 Zhao[27] 通过离散的提前期点值和每天市场需求量，采用编制 fortran 程序求解提前期需求分布。程序的运行效率主要受提前期需求分布类型、每天的市场需求量和提前期长度决定。前两个因素对运算效率影响不大，但提前期长度通常为 30 ~ 50 天，对程序计算速度影响很大。

McFadden[28] 根据实际市场需求数据，分析如何估算提前期需求概率分布，重点研究正态分布时，如何估算提前期需求分布的均值和方差。

Chatfield 和 Koehler[29] 指出预测提前期需求分布时，单周期分 n 次预测和预测 n 个连续的周期计算方法是不同的，由此分别提出了相应的预测求解算法。

Snyder、Koehler 和 Ord 等[30] 考虑市场需求为周期性和季节性的，采用快速平滑估算方法，计算提前期需求分布。

Strijbosch 和 Heuts[31] 采用“核心”密度的方法模拟提前期需求，求解了采用连续盘点策略的库存问题。数值算例说明当所知道的数据较少时，核心密度能在较大数据变化范围内求得较好的结果。

Park[32] 研究市场需求为混合泊松分布时，建立 OS-OI-LT 方法求解提前期需求分布。当提前期需求分布为其他混合分布时，如果提前期的均值较大，OS-OI-LT 方法也会有较好的结果。

Shore[33]考虑当提前期需求分布信息部分知道时，市场需求一、二阶统计量已知时，提出了一种 4 参数的计算方法来求解提前期需求分布，当市场需求一、二阶统计量未知时，修正了原有的算法，提出新的 4 参数估算法。

2.2.2　基于安全库存和服务水平的研究

实际中提前期和市场需求通常都是随机的，提前期和市场需求的不确定性会导致缺货。提前期的长度或方差越大和市场需求的随机性越大，则缺货概率也越高。同时为了预防提前期和市场需求的不确定性，库存系统中需要储备一定量的安全库存，缺货损失越大或者服务水平要求越高，需要的安全库存也就越多。因此提前期长度的均值和方差，市场需求的分布是提前期管理中重要考虑的因素，显著影响安全库存和服务水平的决策。

Brauer[34]考虑安全库存由服务水平和提前期的大小共同确定，市场需求是独立、同正态分布，采用连续盘点策略。同时决策订货量、安全库存使满足服务水平约束条件的单位时间总成本最小。

Chang[35]分析了安全库存和提前期的关系，首次考虑运用控制安全库存和提前期来减少 MRP 系统中需求和产出的不匹配。当市场需求能够及时知道，原料总是充足时，控制提前期十分必要的，且在大部分情况下比控制安全库存更有效。

Eppen 和 Martin[36]考虑随机市场需求下，如何决策最优安全库存，考虑两种情况，当市场需求和提前期分布已知时，给出求解算法。当市场需求和提前期的分布均未知时，原有的求解算法有较大误差，通过一种新的修正算法，计算出近似解。

Fotopoulos、Ishii 和 Takahashi 等[37]研究了市场需求分布自相关和任意提前期分布条件下，采用非均衡方法求解最优订货量和安全库存，并给出了安全库存的合理取值范围。

Molinder[38]研究了随机市场需求和提前期对 MRP 系统的影响，分析市场需求方差，提前期方差和缺货/库存比例对系统的影响。研究表明，市场需求方差较大时的结果，优于提前期方差较大时的结果。当提前期方差和缺货/库存比例均较大时，传统的安全库存决策方法不再适用。

Phllip 和 Evers[39]研究提前期和市场需求均为随机变量、存在服务水平约束时，如何决策安全库存，研究表明提前期长度的均值和方差，市场需求分布的自相关性均对安全库存的大小有显著影响。

Sunil、Gilles 和 Maqbool[40]研究如何控制提前期来减少库存，而不影响服务水平。比较两种方法，减少提前期均值和减少提前期方差。研究表明当服务水平为高于 50% 时，两种手段效果都比较明显，当提前期方差较大时，减小提前期方差的效果很明显。当处于实际中大多数公司的服务水平时，减小提前期均值会减小安全库存，而减小提前期方差反而会增大安全库存。因此实际中如果想减少库存，一般采用缩短提前期均值的方法。

David 和 Yao[41]研究了单一产品、多周期、随机提前期，具有树状网络结构的供应链，如何确定安全库存使单位时间总成本最小。当市场需求为泊松分布时，采用仿真的方法求解最优解。

James 和 Lawrence[42]考虑当提前期为随机变量，存在订单交错时，采用 Base-Stock 策略管理库存，决策最优库存策略使单位时间总成本最小，分析了订单交错的数量与提前期方差之间的关系。

Johansen[43]研究了 Base Stock 策略下，允许每次销售量大于 1，市场需求为泊松分布，提前期长度为 Elang 分布时，如何求解最优库存策略使单位时间总成本最小。

Ping 和 James[44]研究了提前期长度的方差对安全库存的影响，证明当服务水平在 0.6 和 0.7 之间时，减少提前期长度的方差首先会增加安全库存。当服务水平在 0.7 以上时，减少提前期长度的方差，安全库存会减少或者保持不变。

Vemon、Chungh 和 Kut[45]考虑生产线上，零件的成本和最终产品的价格都与提前期长度相关。一次生产较多量的货物，然后分批销售出去，可以批量小于市场需求，但要付出额外的惩罚成本。他们还研究了如何决策最优生产和库存策略，并给出求解算法。

Sourirajan、Ozsen 和 Uzsoy[46]研究了考虑提前期的选址问题，每个配送中心都有一定量安全库存，使其配送中心的服务水平高于给定的服务水平，目标是使配送中心数量和单位时间总成本最小。

Bagchi、Hayya 和 Chao[47]研究了随机提前期，首先通过数值算例验证了提前期长度的方差对缺货的影响，接着当市场需求为混合分布时，建立了安全库存和订货点的求解算法。

Gerchak 和 Parlar[48]考虑可以通过投资减小提前期长度的方差，同时决策订货量、订货点和提前期长度的方差使单位时间总成本最小，给出了求解算法。

Paknejad、Nasri 和 Affisco[49]研究了同时投资减小订货成本和提前期方差的模型，同时决策订货量、订货成本、订货点和提前期方差使总成本最小，并给出了求解算法。

Tallon[50]考虑随机提前期时，考虑将各个节点的安全库存集中在少数几个节点上，分析表明，由于整体预测误差较小，因此总安全库存会降低。如果市场需求的方差较小时，总安全库存的数量显著减小。

Brennan 和 Gupta[51]研究市场需求和提前期长度都为随机变量，存在押后订单的多级 MRP 系统。研究表明生产方式、订货成本与库存持有成本的比例、缺货成本和订货规则对系统的性能都有显著影响。当提前期长度的方差增加时，市场需求不确定性对 MRP 系统的影响将显著降低。

William、Richard 和 Laura[52]研究了提前期长度的均值和方差对企业财务的影响，对 402 家企业进行调研，研究结果表明提前期长度的方差对企业的财务现状有显著影响，而提前期的均值与企业的财务现状无关。产品的复杂性和组织的大小与提前期长度的均值和方差都无关。

2.3 可控提前期库存模型

大多数库存模型(如经典的 EOQ 或 EPQ)模型假定提前期为一个预先给定的常量或者随机变量，即不可控制。然而由 2.1 节的实证研究，发现通过提前期管理，可以取得显著的收益。因此，实际中可以通过付出额外的成本来缩短提前期，取得时间竞争上的优势。从20世纪90年代开始，最早由Liao和Shyu提出了提前期成本为分段线性函数，在此基础上，许多学者研究了基于可控提前期的库存管理问题，1996年后，一些学者开始考虑不同供应链环境下的可控提前期库存问题。

2.3.1 可控提前期库存模型的基础研究

Liao和Shyu首先提出可控提前期的库存模型，假定提前期可以分成n个相互独立，不相交的操作时段L_i，$i=1, 2, \cdots, n$。每个操作时段都有一个正常的持续时间a_i和一个最小的持续时间b_i，操作时段内缩短单位时间成本为c_i。这里排序使$c_1 \leqslant c_2 \leqslant \cdots \leqslant c_n$。当缩短提前期时，首先缩短单位时间成本最小的操作时段L_1，直到缩短到最短时间b_1，然后开始缩短L_2，得到了缩短提前期成本为分段线性函数，系统采用连续盘点策略，订货量和安全系数预先给定。当提前期为唯一决策变量使单位时间总成本最小时，证明了最优提前期为操作时段的离散端点值，并给出最优提前期的求解算法。

Ben和Raouf[54]在不允许缺货的情况下，进一步考虑订货量也为决策变量，同时决策最优订货量和提前期使单位时间总成本最小。

Ouyang、Yeh和Wu[55]考虑允许缺货，且缺货时存在顾客流失。假定单位缺货造成的损失为π，缺货时有β比例的顾客愿意等待重新到货，$1-\beta$比例的顾客流失，每个流失顾客损失的利润为π_0，总单位缺货损失为$\overline{\pi}=\pi+(1-\beta)\pi_0$。Ouyang，Yeh和Wu建立了允许缺货，同时决策最优订货量和提前期的库存模型，并求解最优库存策略。Lan等[56]研究了文献[55]的库存模型，分析了发生缺货时押后订单比例对单位时间总成本和订货量的影响。在此基础上给出最优提前期的快速求解算法。以上文献中都假设提前期需求为正态分布。

Ouyang和Wu[57]指出实际中，市场需求的具体分布很难确定，通常管理者知道的只是一段时间内市场需求的统计数据，如均值和标准差等。针对这种情况，放宽提前期内市场需求量为正态分布的假设，在仅知提前期需求为 DL 和标准差为 $\sigma\sqrt{L}$ 的情形下，建立可控提前期的库存模型。考虑使一个周期内期望缺货量最大的概率分布 P，在最差分布的情况下求解最优订货量和提前期使单位时间总成本最小。

Moon 与 Choi[58] 指出连续盘点策略是每当库存水平降低到订货点时，就发出订单，订 Q 单位的货物，这里订货量 Q 和订货点 r 是同等重要的决策变量，都应该作为决策变量。Moon 与 Choi 证明当提前期需求为正态分布或分布未知时都存在唯一的最优订货量、订货点和提前期使单位时间总成本最小。建立了迭代求解算法。几乎同时 Ben 和 Hariga[59] 也考虑了同时决策订货量、订货点和提前期的库存模型，证明采用连续盘点、周期盘点和基础库存(Base Stock)三种订货方式时，都存在唯一的全局最优订货量、订货点和提前期使单位时间总成本最小。

文献[58]和[59]研究了可控提前期条件下，存在缺货，采用连续盘点策略的库存管理问题，完整地同时决策最优订货量、订货点和提前期使单位时间总成本最小。

2.3.2　可控提前期库存模型的扩展研究

从 1996 年开始，许多学者考虑了不同供应链环境下，采用连续盘点策略的可控提前期库存问题。主要有以下几类研究方向：

(1)基于服务水平。

Ouyang 和 Wu[60] 认为实际中，缺货成本很难精确确定。因此采用服务水平约束来代替缺货成本。安全系数 k 预先给定，满足服务水平 $\alpha \leqslant p$，其中服务水平 α 定义为一个周期内缺货量与订货量的比值，p 代表预先给定的服务水平限制。当提前期需求为正态分布时给出最优库存策略的求解算法。当提前期需求分布未知时，采用 Markov 不等式估算安全系数的取值范围，然后用枚举法计算出最优库存策略。

Ouyang 和 Chuang[61] 研究服务水平约束条件下，采用周期盘点策略的可控提前期问题，当提前期需求为正态分布或分布未知时，求解最优的周期长度使单位时间总成本最小。

Chu、Kuo 和 Patrick[62]指出文献[60]中，当提前期需求为正态分布时的算法存在错误，并给出正确求解算法。当提前期需求分布未知时，通过对边界条件的分析，改进了原有的枚举算法，得出最优库存策略的函数表达式。

(2)基于整数计划批次。

Chang CT 和 Chang SC[63]考虑有时候计划周期长不一定为订货量的整数倍，因此得到库存策略不能实际运用。其次供应商为了鼓励销售，通常对大额数量购买有折扣。Chang 综合考虑了计划长度为订货量的整数倍，且考虑数量折扣的库存模型。采用连续盘点策略，不考虑缺货成本，安全系数预先给定情况时，给出最优解的求解算法。

Chang[64]进一步考虑同时决策订货量、订货点和提前期使单位时间总成本最小，并给出最优库存策略的求解算法。

Chang[65]研究了多供应商条件下的可控提前期问题，考虑数量折扣，计划时间段的市场需求量为订货量的整数倍，设计算法求解最优提前期、订货量和订货点使单位时间总成本最小。

Chen、Chin 和 Lin[66]考虑了市场需求随季节变化时，可控提前期库存模型，采用混合整数规划方法求解最优解。

(3)基于可变押后订单比例。

Ouyang 和 Chuang[67]认为发生缺货时，缺货时间越长，缺货量就越大，顾客流失比例会更高，由此假定押后订单比例 $\beta = \frac{1}{1+\alpha\beta(r)}$，其中 α 为比例系数，$B(r)$ 为一个周期内的总缺货量。在上述假设下，Ouyang 假定安全系数为预先给定常数，研究了基于可变押后订单比例的可控提前期库存模型。

Lee[68]进一步在文献[67]的基础上，假定安全系数为预先给定的常量，考虑了市场中存在两种不同类型的顾客，提前需求服从混合正态分布和混合分布未知两种模型，在满足条件下 $(\mu_1-\mu_2)^2 < \frac{27\sigma^2}{8L}$ 和 $\frac{\mu_* \sqrt{L}}{\sigma} - p\eta > \sqrt{2}$ 条件下，给出了最优库存策略的求解算法。

陈志刚、徐渝和贾涛[69]在文献[67]的基础上考虑将安全系数也作为决策变量，同时决策订货量、订货点和提前期使单位时间总成本最小。采用文献[67]的数值算例可以发现，决策订货点可以显著地减少单位时间总成本，提高顾客服务水平，使库存管理更加平稳。

Lee、Wu 和 Hsu[70]进一步考虑了提前期需求为混合分布时，安全系数预先给定时，基于可变押后订单比例的可控提前期问题。

Pan 和 Hsiao[71]考虑零售商通过付出额外的成本可以提高押后订单比例。由此 Pan 和 Hsiao 研究基于可变押后订单比例的可控提前期的库存问题，假设零售单位货物的利润为 π_0。零售商可以决定缺货时候的折扣水平 π_x($\pi_x \leqslant \pi_0$)，顾客愿意等待比例和折扣水平 π_x 线形相关。当安全系数 k 预先给定时，Pan 建立了单位时间总成本函数表达式，求解最优订货量、安全系数、提前期和折扣水平使单位时间总成本最小。

Pan、Jason 和 Lo[72]进一步将订货点也作为决策变量，同时决策最优订货量，订货点和提前期使单位时间总成本最小，并给出了求解算法。

Zequeia、Duran 和 Gil[73]考虑押后订单比例是由提前期长度决定的变量，考虑两种模型，押后订单比例为指数和分段线性变化。当提前期需求为正态分布时求解最优库存策略使单位时间总成本最小。

Wu、Lee 和 Tsai[74]考虑押后订单比例和折扣水平为负指数关系，当安全系数预先给定时，求解最优订货量、提前期和折扣水平使单位时间总成本最小。

Lin[75]进一步考虑了提前期需求分布未知时，订货成本与提前期长度相关时，研究了基于可变控押后订单比例的可控提前期库存问题，并给出了最优库存策略的求解算法。

(4)基于模糊数。

Ouyang 和 Hung[76]考虑缺货时，顾客流失比例为三角模糊数，采用统计方法估算顾客流失比例的取值区间，构造了基于统计的模糊数来表示顾客流失比例。当提前期需求为正态分布时，建立单位时间总成本函数表达式，并求解最优库存策略。

Ouyang 和 Hung[77]在文献[76]的基础上进一步考虑了提前期需求分布未知时，建立单位时间总成本函数表达式，并求解最优库存策略。

Ouyang 和 Jing[78]考虑了提前期需求分布未知，年总需求分别为三角模糊数和基于统计的模糊数时的可控提前期模型，并给出了最优库存策略的求解算法。

Chang、Yao 和 Ouyang[79]研究当提前期需求为正态分布时，市场需求均值和押后订单比例都为模糊数的可控提前期模型，并给出了最优库存策略的求解算法。

Chang 和 Yao[80]考虑提前期需求为正态分布，安全系数预先给定情况下，提前期需求和单位时间的市场需求为模糊数的可控提前期库存模型。

(5)基于供需一体化。

Pan 和 Yang[81]提出要从供应链整体角度考虑，供需双方协作制订生产和库存计划使供应链整体最优。考虑单一生产商和单一需求方。需求方从生产商订货，向市场销售产品，每次的订货量为 Q 。生产商接到订单后，以生产率 P 生产 mQ 单位货物，然后分 m 次运送给需求方。其中 Q、m 为决策变量，m 为正整数，并建立基于单一生产商和单一需求方联合单位时间总成本最优的供需一体化库存模型。当提前期需求为正态分布，安全系数预先给定时，求解最优库存策略。Goyal[82]在文献[81]的基础上提供了一种简便的计算方法。

Ouyang、Wu 和 Chia[7]进一步考虑允许缺货，同时决策最优订货量、订货点、提前期和运输批次使供需双方联合单位时间总成本最小，当提前期需求为正态分布或分布未知时采用枚举法求解最优运输批次和库存策略。

Ben 和 Hariga[83]将整个提前期分为准备时间，生产时间和其他时间，采用 Zheng[84]的方法，精确计算每段时间内平均库存成本和缺货成本，并得出单位时间总成本函数表达式，运用遗传算法求解最优订货量、订货点、准备时间和其他时间使单位时间总成本最小。

(6)基于瑕疵品。

Wu 和 Ouyang[85]指出由于供应商生产过程通常不能保证100%的合格产品和在运输过程中的损坏，到货产品中通常会有一些瑕疵产品，这些瑕疵产品会影响实际的库存水平、缺货率和订货的频率，Shan 建立了考虑瑕疵产品的可控提前期库存模型。

Lee、Wu 和 Hou[86]进一步研究市场需求为混合正态分布和混合未知分布下，到货含有瑕疵品的可控提前期模型，同时决策订货量、订货点和提前期使单位时间总成本最小。

Wu、Lee 和 Tsai[87]考虑了混合未知分布下，瑕疵品率是随机变量，采用抽样检查的方法。如何决策最优库存策略使单位时间总成本最小。

Wu、Ouyang 和 Chia[90]考虑供应商中产品瑕疵率是随机的，供应商分次将产品运送给顾客，采用抽样检查方法，同时决策最优运输批次、订货量、安全系数和提前期使单位时间总成本最小。

(7)其他相关研究

Wu 和 Tasi[88]考虑了提前期需求是由两个正态分布组成的混合正态分布。假定两类顾客需求的均值不同而方差大小相同，两类顾客在市场中所占的比例为 p 和 $1-p$ 。即提前期需求分布为：$f(x) = p\frac{1}{\sigma\sqrt{2\pi L}}\cdot e^{-\frac{1}{2}\left(\frac{x-\mu_1 L}{\sigma\sqrt{L}}\right)^2} + (1-p)\frac{1}{\sigma\sqrt{2\pi L}}\cdot e^{-\frac{1}{2}\left(\frac{x-\mu_2 L}{\sigma\sqrt{L}}\right)^2}$ 。假定安全系数为预先给定常数，然后证明存在唯一全局最优库存策略，并给出了最优库存策略的求解算法。

Wu[89]考虑了生产商有生产能力限制，假定生产商的生产能力为随机变量 w ，则一个周期内实际到货数量为 $\mathrm{Min}(w, Q)$ 。Wu 证明当提前期需求为正态分布或分布未知时，单位时间总成本函数为订货量的单峰、拟凸函数，并给出了求解算法。

Pan、Hsiao 和 Lee[90]指出提前期成本虽然主要和缩短的提前期长度和订货周期有关，然而其中的某些成本也与订货量的大小相关。Pan 考虑一个周期内提前期成本与缩短提前期和订货量的大小线性相关，当市场需求分别为正态分布或分布未知时，求解最优解。Hoque 和 Goyal[91] 指出文献［90］中的错误，并提出了修正算法。

Emmett、Wooseung 和 Cerry[92] 考虑了决策最优提前期使顾客等待时间成本和传统的库存成本之和最小。

Yang、Robert 和 Chu[6] 研究了采用连续盘点策略，提前期可控和考虑无限周期长上折现的库存模型。然而没有证明存在唯一的最优库存策略使单位时间总成本最小，而为通过数值算例说明唯一解假设的合理性，并给出了最优库存策略的求解算法。

2.3.3 非线性可控提前期库存模型研究

大多数可控提前期库存模型假定提前期成本为分段线性函数。Chanra 和 Grabis[93] 考虑了提前期成本为非线性函数，假定提前期成本和提前期的长度为幂函数关系，然后通过数值算例说明了缩短提前期对库存管理的意义。

从提前期随机性的角度，Bookbinder 和 Cakanyildirim[94]，研究了可控随机提前期库存模型，假定 $f(L)=\tau\times f(L_0)$，其中 $f(L)$ 为实际提前期长度分布的密度函数，$f(L_0)$ 为初始提前期长度的密度函数，加速因子 $\tau\in(0,1)$ 由提前期成本决定。在市场需求为确定时，求解最优订货量、订货点和加速因子使单位时间总成本最小。

Ryu 和 Lee[95] 考虑两个不同供应商，不同提前期成本函数的供应商向统一市场销售产品，如何决策各自的提前期成本、市场份额、订货量和订货点。给出了单位时间总成本的函数表达式，并通过数值算法求解。实际中，市场需求的不确定性是主要考虑因素，单一考虑提前期的随机性意义不大，因此目前研究可控随机提前期的模型文献较少，扩展研究不多。

提前期是供应链管理中重要的决策变量，实际中通过付出额外的成本可以缩短提前期，获得时间竞争的优势。从 1996 年开始出现了大量基于提前期成本为分段线性函数的模型。最新的可控提前期研究已经开始考虑提前期成本为幂函数或提前期本身为随机变量，未来的研究将进一步完善理论模型，并研究在不同供应链环境下的非线性可控提前期问题。

2.4　市场需求信息传递和预测更新

本书中考虑的信息主要是关于产品的价格和需求信息。市场需求信息对供应链来说十分重要，生产的调度、导航、库存的控制都需要精确的市场需求预测。市场价格，影响着消费者的决策，从而间接地影响市场需求。研究者们发现，由于供应链是十分分散的，生产和需求发生的地方相距比较远。如美国人生活中的日用品，他们的需求发生在美国，但是生产可能是在世界任何一个地方。当生产和需求距离相距较远时，供应链中的信息传递是十分困难的，牛鞭效应就是供应链动态信息传递过程中发生扭曲的一种现象。为了减少信息的失真，加强信息更新和信息共享过程，牛鞭效应受到了学者极大的关注。学者们主要从三个角度对供应链中的信息传递进行了研究：信息的扭曲，信息的共享，信息的更新。

供应链的首要目标是满足顾客的需求，顾客的需求是供应链决策的根本。然而，供应链上游市场需求预测的波动远远大于市场下游的波动，这种信息扭曲的现象就是著名的牛鞭效应。如果上游的厂商根据他所面对的市场需求作出决策，则牛鞭效应就会导致他们储存过多的库存，较低的生产能力利用率。20 世纪 90 年代初，物流学者对美国宝洁公司的纸尿裤“帮宝适”供应链进行研究。宝洁公司的经理们发现，他们所面临的市场需求是相当稳定的，但是分销商向工厂下订单时需求的波动程度要大很多，宝洁公司向其供应商下单时波动程度更大。这一现象就像我们挥舞鞭子，手腕轻轻一动，鞭子末端就会有大幅变化。从统计学上看，牛鞭效应是随着供应链从下游往上游移动，市场需求均值没有显著变化，但方差显著增大。造成牛鞭效应的主要原因就是供应链中的信息扭曲。当市场需求信息流从供应链下游(最终顾客)向供应链上游(生产商)传递时，各个节点无法有效地实现信息的共享，使得信息沿着供应链逐级扭曲放大，导致需求信息沿供应链向上波动越来越大。牛鞭效应会极大地降低供应链效率。上游企业不能准确地预测顾客的市场需求，因此会导致低的顾客服务水平，低效率的运输过程，过多库存或则缺货。这些现象导致供应链效率降低和成本增加，也引起了学者的广泛兴趣。

在 1958 年首先发现牛鞭效应的学者是 Forrestor[96]，他考虑一个最简单的多级供应链系统，系统由唯一的零售商、分销商和制造商构成。通过系统仿真模拟，Forrestor 发现系统中存在显著牛鞭效应。Forrestor 认为牛鞭效应是由于组成供应链个体的非理性决策所导致。这种非理性产生于供应链上游对需求信息的过度反应。当顾客需求增加时，生产商所接到的订单数量也会增加，同时生产商应对未来需求的安全库存也会增加，两者合起来导致生产商需求增加订单数量增加。沿着供应链下游往上游移动，逐级放大导致了供应链中牛鞭效应的产生。然而由于当时计算机水平比较落后，Forrestor 难以对牛鞭效应进行实证知识和理论分析。

Burbidg 一直在工业界从事生产计划和调度工作[97, 98]。根据工作经验，他提出五个避免破产的黄金法则。在这些法则中，他详细分析沿着供应链向上游移送时需求波动放大现象，并提出了相应的解决办法。Burbidge 认为牛鞭效应是由于生产过程的不连续以及物流过程的结合，造成的信息流分为多个阶段，而不是一个整体，形成了牛鞭效应。

Lee 首先对牛鞭效应进行了详细的理论分析[99]。当不考虑供应链各方生产能力限制、固定成本，对未来的需求预测不依据过去的需求，Lee 运用定量研究的方法，得出导致牛鞭效应的原因。主要有：

(1)多方博弈的结果。

缺货的风险主要有零售商承担。零售商订货时存在着一种激励，为了避免缺货，零售商会夸大市场的需求。然而当货源充足时，零售商会取消订单。制造商无法区分订单增加原因究竟是市场真实需求增加，还是零售商为了避免缺货而夸大需求。这将导致制造商有过高的生产能力和生产出过多的产品。

(2)市场需求预期。

当市场需求增加时，供应链下游企业会首先发现。下游企业会根据预测提高自己的订货量，以应对未来的风险。然后中游企业会发现来自下游企业的需求增加了。然而下游企业需求增加是包括实际的市场需求增加和下游企业预期的市场需求增加。中游企业订货时无法区分两者的区别，同时也会根据自己的预期增加需求。这样市场需求沿着供应链逐级放大，到达供应链上游时，需求将会放大许多倍，导致牛鞭效应产生。

(3)批量订货方式。

零售商订货时通常会有订货成本。如宝洁公司每笔订货成本在35美元到75美元之间。Lee将不同零售商的订货周期的分布划分为随机订货、正相关订货和平衡订货。发现这三种情况对生产商来说都导致相同的订货期望值，但方差不同：正相关订货的方差最大，平衡订货的方差最小，而随机订货的方差介于两者之间。但这三者的方差都大于零售商所面临的市场需求变动的方差，即牛鞭效应现象存在。如果所有顾客的订货周期均匀分布，即平衡订货，那么牛鞭效应的影响就会最小。然而，这种理想状态极少存在。相反，由于相当多的企业运用NIRP或DRP系统来确定其月度生产计划及库存管理，导致几乎同时确认订货，发生最坏的情况——正相关订货，需求高度集中，从而导致牛鞭效应高峰的出现。

(4)产品价格波动。

促销已经成为生产商移动常用的手段，促销的手段有很多，如价格折扣、优惠券、赠品等。价格的波动会导致顾客在促销前减少自己的需求，等待折扣的到来。在促销时，会提前消费，获得便宜的价格。然而从长远来看，顾客总需求并没有太大的变化。但是促销前后市场需求的波动较大。Lee假设零售商每一期都面对独立且具有相同分布密度函数的需求，而生产商的产品价格则在一定范围内随机波动。零售商的最优订货决策是当前面临低价格时扩大订货，而面临高价格时就减少订货，从而产生牛鞭效应。

针对牛鞭效应产生的不同原因，Lee提出了相应的解决办法：共享销售和库存信息、协调零售商之间的订货以及减少生产商促销活动等。这几个策略可以总结如下：

(1)采用新的分配机制，消除短缺时的博弈行为。

Lee 认为当面临供应不足时，供应商可以根据以往的销售记录或其他形式的分配机制来进行限额供应，而不要根据订货数量的多少而分配。这样就可以防止零售商为获得更多的供应而大量订货。同时，零售商与制造商之间可以共享生产能力和库存状况等信息，减少激励扩大订货的博弈行为。通用汽车长期以来就是这样做的，惠普等公司也开始采用这种方法。同时，由于零售商的自我保护意识，会人为造成短缺现象，因此，供应商公开生产能力会解决这一问题。另一个有效的解决办法是用契约的形式来约束买方在购买量、回款以及随意取消订单上的柔性。即生产商和零售商同利益共风险。

(2)共享信息，避免多次预测需求。

避免重复处理供应链上的有关最终市场需求信息的一个方法是使上游企业可以获得其下游企业的需求信息。给予生产商获取零售商需求信息的权利，来建立一个由生产商中央集权的多层库存控制系统，如供应商存货管理和连续补充计划等。这样，供应链上的企业都可以根据相同的原始资料来更新他们的预测。例如，计算机制造商会要求分销商将零售商中央仓库里产品的出库情况反馈回来。虽然这些数据没有零售商销售点的数据那么全面，但这总比把货物发送出去以后就失去对货物的信息要好得多。现在 IBM、惠普和苹果等公司在合同中都会要求其零售商将这些数据反馈回去。另一种办法是减少供应链环节，简化供应链，建立直接属于制造商的市场渠道。例如，戴尔计算机就放弃传统的分销渠道，直接面向消费者销售其计算机，可以直接了解其产品的最终市场需求模式。

(3)增强合作，减少订货批量。

订货批量是由于订货周期和采购成本决定的。由于订货周期造成的需求信息放大可以通过与制造商共享全部销售信息来减少。制造商可以通过获得的销售信息安排生产计划，而不是依据订单，另一个减少订货批量的方法是减少交易成本(源自于经济订货批量的模型)。可以利用 EDI 系统来减少订单成本和批量。例如，Nabisc

采用无纸化的计算机辅助订货系统(CAO)达到这种目的。制造商还可以借助专业化的第三方物流企业来降低小批量运输时的高额运输成本。在运输领域，由于受规模经济的影响，整车运费与零担运费差异巨大，专业公司可以将多个货主的货物集中运输，因此可以争取到较为低廉的整车运费。企业庞大的销售系统、富有经验的车辆调度也有助于合理安排运量和运输路线，减少空驶成本。所以，虽然对货主来讲还是小规模运输，但利用专业运输公司可以使平均运费水平大幅度降低。为减少订货批量，也有的企业尝试鼓励经销商订购一揽子商品，而不是一份订单只订购一种商品。这样虽然交货频率、运输效率没变，但是每种货物的交货次数增加了，相应的每次订货量就少了。例如，宝洁公司对愿意进行混合采购的顾客给予优惠。

(4)稳定价格控制。

由于提前购买行为而引起的牛鞭效应的最好方法是生产商减少产品折扣频率和幅度，通过制定稳定的价格策略来减少对提前购买的激励。基于活动的成本核算系统能精确计算库存、特殊处理和运输等成本，因此，这种系统能帮助企业实行“天天低价”的价格策略。近年来，沃尔玛的天天低价使得消费者囤积现象减少，企业获得真实的消费情况，有助于进行正确决策。总之，牛鞭效应是供应链内部各实体各自效用最大化决策的博弈结果，是供应链系统中特有的现象，也是供应链中各个实体合作的动力之一。对牛鞭效应的深入研究是对供应链管理理论的完善和补充，也是更好实施供应链管理的基本条件。

在此基础上许多学者研究了市场需求预测更新过程。Fisher 认为在全球市场竞争环境下，顾客的需求越来越独特，相应的时尚产品的设计和生产周期也越来越长。与之相反，产品的销售季节却越来越多。较长的生产过程和交换的销售季节是的供给和需求匹配非常困难，由于缺货和库存的丢失造成高昂的损失。Fisher 设计了一个快速反应系统，在第一个周期内生产主要的产品需求，第一个周期结束，销售季节开始时，生产商可以更精确地预测市场的需求，通过工人的加班，改变作业流程的，缩短提前期长度，使得新生产的产品可以赶上销售季节的享受[2]。Fisher 讨论和分析快速反应的机制和决策的方法。通过对时尚滑雪服公司的案例分析，快速反应系统在维持顾客服务水平不变的条件下，利润增加了60%。

Gurnani 和 Tang 分析了一个两阶段报童模型库存系统[100]。企业在每阶段开始有一次订货机会，企业的第二次机会可以充分利用第一阶段的市场需求，然而在第二阶段开始时，由于生态环境的不确定，生产成本会因跌涨出现一个随机数，因此企业需要在更精确的市场需求预测和潜在的高成本之间进行权衡。给出了订货策略，分析了在什么条件下企业会在第二个阶段开始时订货。

Huang 等研究类似的两阶段报童模型[101]。第一阶企业按正常方法订货。在第二阶段开始时，当企业的市场需求更新以后，企业有一次调整第一阶段订货量的机会。这个调整会导致一个固定的成本和可变成本。利用动态规划对一类需求分布带出来求解算法。讨论企业如何在预测的质量和是否签合同之间进行权衡。

Wang 预测更新条件下多阶段报童模型[102]。企业可以在计划时期内任意一阶段订货，企业只要一次订货机会。当市场需求为集合布朗运动时，Wang 证明无论市场需求预测过程是如何实现的，最后的订货策略总是在一个特定的时点订货。

Scarf 采用贝叶斯决策[103]。市场需求分布服从给定分布，但参数未知。但当新信息量很大的时候，采用贝叶斯决策更新参数信息。当市场需求为指数分布时，Scarf 建立了最优库存策略。

由于多供应商问题的复杂性，大多数文献只研究两供应商问题[104]。在两供应商情形下，存在两种不同的模式，订单分享模式和两供应模式。其中两供应模式更能反映提前期在供应链管理中的作用。两供应模式包括正常模式和紧急模式。

最早 Barabkin[105]研究了单时段两供应模式的库存问题，假定正常模式的提前期长度为确定值，紧急模式提前期长度为零，不存在订单交错。证明最优订货策略是 Base Stock 策略，并给出求解算法。Daniel[106]进一步将 Barabkin 的模型推广到多时段，证明最优库存策略仍然是 Base Stock 策略。Fukuda[107]研究当两供应商提前期长度均不为零时，紧急模式提前期长度为 k 个时段，正常模式提

前期为 $k+1$ 个时段，证明此时最优的订货策略仍是 Base Stock 策略。Bulinskaya[108] 在 $k=0$ 的特例条件下求解了 Fukuda 的模型。

Whittmore[109] 首先研究了正常模式的提前期和紧急模式的提前期均可以为任意整数个时段。考虑紧急模式提前期长度为 k 个时段，正常模式提前期为 $k+l$ 个时段。研究结果表明，当 $l>1$ 时，没有固定的最优订货策略，订货策略选择与库存系统的特性密切相关，并采用动态规划的方法求解最优解。在此基础上，许多学者进行了相关扩展研究。

Lawson 和 Poeteus[110] 研究了基于两供应模式的多级库存模型，正常模式提前期为一个库存周期，而紧急模式提前期长度为零，研究结果表明采用一种修正的 Base Stock 策略是最优的。

Tagaras 和 Vlachos[111] 研究了紧急模式的提前期长度可以在零到一个时段内，并给出了求解算法。

Plambeck 和 Ward[112] 考虑当紧急订单的提前期为零个时段，且服务水平要求为 100% 时，如何求解最优解。

Axsater[113] 研究了基于单一仓库的单级库存系统，市场需求是复合泊送分布，系统采用两供应模式和连续盘点方式，通过遗传算法求解最优解。

Chiang[114] 研究一种基于 standing over 的两供应模式，每个周期的开始，以正常模式订购固定数量的货物，同时可以采取紧急模式和折扣来处理货物过多或过少。采用动态规划的方法求解最优解。

Senthil 和 Alan[115] 提出了一种简化的双指标周期盘点策略，订货策略简单，易于操作和计算，通过大量的算例表明与实际最优解的最大差距小于 1%。并且采用两供应模式比单一供应商供货可以最高节约 50% 的成本。

Yu、Zeng 和 Zhao[116] 研究了存在供应中断的两供应模式问题，正常模式的供应商在国外，价格较低，供应容易中断或者长时间运输使产品大量损坏，紧急模式是本地的企业，相对产品质量较稳定，供应不容易中断。研究结果表明当正常模式中断率较高时，两供应模式能显著地降低成本。

也有一些文献研究基于两供应模式，采用连续盘点方式的库存问题，但均只能通过数值算例结合算法求解，无法得到相应的解析结果。如 Moinzadeh 和 Nahmias[117]研究采用连续盘点策略的两供应模式问题，给出了单位时间总成本的函数表达式，通过数值算例证明最优解的唯一性，给出相应的求解算法。

Duran、Gutierrez 和 Zequeira[118]考虑当库存水平降低到一定程度时，可以将正常模式订单转化为紧急模式订单，建立了单位时间总成本函数表达式，通过数值算例证明解的唯一性，并给出了相应的求解算法。

2.5 小　　结

通过前面的文献回顾可以看出，提前期是供应链管理考虑的核心因素之一，影响着供应链的效率。过长的提前期会引起供应链信息传递的扭曲和失真，导致牛鞭效益，并显著降低供应链的效率。第一部分从实证的角度，分析缩短提前期对生产和库存管理的意义；第二部分综述可控提前期的研究发展历程，重点回顾多周期条件下的报童模型；第三部分综述市场需求信息传递和预测更新的相关研究。重点回顾基于预测更新的报童模型研究。通过前面文献综述，可以发现现有研究对于可控提前期研究较少，几乎没有关于动态预测更新条件下的问题研究。

第三章 基于折现的可控提前期库存问题研究

时间和成本为企业竞争中最常考虑的两个因素。在库存管理中时间价值主要体现在两个方面：(1)从时间长度看，缩短提前期可以减少安全库存和缺货损失、降低库存资金风险、改善顾客服务水平、提高企业的竞争力；(2)从时间所处位置看，由于利率存在，未来成本和现在成本不等价。库存占用大量企业流动资金，且折现为企业管理和成本核算时必须考虑的因素，因此在库存管理中考虑折现也是十分必要的。

许多学者研究了基于折现的库存模型。Hadley[121]研究了市场需求为常量，不允许缺货，订货量作为唯一的决策变量使无限时间长的总折现成本最小。研究表明，折现对库存管理有一定的影响。Davis 和 Gaither[122]考虑顾客可以有一次机会延迟支付货款，因此顾客实际支付的货款为选择延迟支付的成本、订货数量和延长时间的函数。采用连续盘点的策略，估算 6 个连续周期。运用仿真计算，发现延期支付的数量与订货成本和产品价格无关，与库存持有成本和利率中等相关，而对市场需求极其敏感。Datta 和 Pal[123]研究了市场需求为时间的线性函数，采用周期盘点策略和允许缺货，考虑折现的库存模型，并给出了最优库存策略的求解算法。Moon 和 Yun[124]指出由于产品设计特性的改变，退出市场或者被新产品替代，在实际中很少有无限周期的商品存在。在有限长的计划时段内，假定每个订货周期长度服从指数分布，采用 DCF(Discounted Cash Flow)方法计算总折现成本，并给出最优订货量、订货周期的求解算法。Sarker 和 Pan[125]研究在有限次订货系统中，考虑利率和通货膨胀，决策最优订货量和最大允许缺货量使单位时间总成本最小。研究表明通货膨胀和利率之间的差值越大，最优订货量和最大允许缺货量也越大。Chaudhuri 和 Ray[126] 指出在实际中(如大的超级市场)库存量越多，顾客就越容易被吸引，因此市场需求随着库存量的增加而增加，但库存的增加也会导致库存成本和资金成本增加。建立了考虑折现，市场需求量与库存量相关，允许缺货的 EOQ 模型。Yang 和 Wee[127] 指出，实际中厂商由于市场需求不足，过多的采购或者预测错误等，常常会持有过多库存，这些库存将降低库存周转效率，占用存储空间，减少投资回报。通常有两种方式处理多余的库存，等待卖出去或者削价卖出去。Yang 和 Wee 建立了考虑削价处理、产品变质和折现的库存模型。数值算例说明考虑折现可以节约 24% 的成本，考虑变质可以节约 16% 以上的成本。如果同时考虑折现和变质可以节约 50% 以上的成本。Chuang[128] 研究了产品变质率服从 Weibull 分布，考虑折现和允许延期支付。在有限长时间段内同时决策最优订货量和最大缺货率使总折现成本最小。Balkhi[129] 研究了生产过程中存在瑕疵产品，生产率、变质率和市场需求为时间的函数，考虑利率和通货膨胀的库存模型。证明存在唯一的最优库存策略使单位时间总成本最小，并给出求解算法。Moon、Giri 和 Ko[130] 考虑有些产品随着时间的增加，价值会升高，如酒、收藏品等。建立了产品升值和变质，市场需求随时间变化，考虑利率和通货膨胀的库存模型。Shah[131] 研究了变质率为常数，考虑折现和允许延迟支付时，决策最优补货时间使单位时间总成本最小。上述文献都没有考虑可控提前期，Yang、Robert 和 Chu[132] 研究了采用连续盘点策略，提前期可控和考虑无限时间长上总折现成本的库存模型。然而 Yang 没有证明存在唯一的最优库存策略使总折现成本最小，而为通过数值算例说明假设的合理性，并给出了最优库存策略的求解算法。

本章研究提前期可控和考虑无限时间长上总折现成本的库存问题。首先重新研究 Yang 的模型，证明提前期成本为分段线性函数时，存在唯一的最优订货量、安全系数和提前期使总折现成本最小。进一步考虑提前期成本为幂函数时，同时决策最优订货量、安全系数和提前期使总折现成本最小，并给出求解算法。分析了可控提前期条件下，利率对库存管理的影响。

3.1 提前期成本为分段线性函数时的库存模型

首先重新研究 Yang[6] 的模型，假定提前期成本为分段线性函数。提前期 L 由 n 个相互独立的操作时段构成，每个操作时段的最短持续时间为 a_i ，正常持续时间为 b_i ，缩短单位时间的提前期成本为 c_i ，这里排序使 $c_1 \leqslant c_2 \leqslant \cdots \leqslant c_n$ 。记 $L_0 \equiv \sum_{j=1}^{n} b_j$, L_i 表示前 1，2，…, i 个操作时段被缩短到最小时间 a_i ，则当提前期在区间 $[L_i, L_{i-1}]$ 时，缩短提前期的成本为 $R(L) = c_i(L_{i-1} - L) + \sum_{j=1}^{i-1} c_j(b_j - a_j)$ 。当提前期需求为正态分布或分布未知时求解最优库存策略使总折现成本最小。

3.1.1 提前期需求为正态分布

考虑提前期需求为正态分布，平均年总市场需求为 D ，提前期 L 时间内的市场需求 $f_X(x)$ 为服从均值为 DL ，标准差为 $\sigma\sqrt{L}$ 的正态分布。单位货物年库存成本为 h 。系统允许缺货，单位缺货造成的损失为 π，缺货时有 $\beta(0 \leqslant \beta \leqslant 1)$ 比例的顾客愿意等待重新到货，$(1-\beta)$ 比例的顾客流失，每个流失顾客造成的利润损失为 π_0。系统采用连续盘点方法，每当净库存水平降低到 r 时，发出订单，订 Q 单位货物，每次订货成本为 A ，提前期成本为 $R(L)$ ，其中 Q、r 为决策变量。订货点（ r ）= 提前期内期望需求 + 安全库存（ S ），安全库存 $S = k\sigma\sqrt{L}$ ，即 $r = DL + k\sigma\sqrt{L}$ ，其中安全系数 $k \geqslant 0$ 为决策变量。利率为连续复利计算，年利率为 a 。

一个周期内总缺货量的期望为 $B(r) = \sigma\sqrt{L}\psi(k)$ 。以一次货物到达时作为一个周期开始和折现的当前时间。计算开始第一个周期的总折现成本，开始库存水平的期望为 $Q + r - DL + (1-\beta)B(r)$ 。一个库存周期长为 $\frac{Q}{D}$，在 t 时刻库存水平的期望为 $Q + r - DL +$

$(1-\beta)B(r)-Dt$ 。所以一个周期内库存成本的期望为：

$$h\int_{t=0}^{\frac{Q}{D}}\left[Q+k\sigma\sqrt{L}+(1-\beta)\sigma\sqrt{L}\psi(k)-Dt\right]\cdot e^{-at}\mathrm{d}t$$

$$=\frac{h}{a}\left[k\sigma\sqrt{L}+(1-\beta)\sigma\sqrt{L}\psi(k)\right](1-e^{-a\frac{Q}{D}}) \qquad (3\text{-}1)$$

$$+\frac{hD}{a^2}\left(e^{-a\frac{Q}{D}}-1+a\frac{Q}{D}\right)$$

一个周期内总缺货成本期望为 $[\pi+\pi_0(1-\beta)]B(r)$ ，订货成本为 A ，提前期成本为 $R(L)$ 。所以到第一个周期末的总折现成本为：

$$\mathrm{TC}(Q,k,L)=\text{订货成本}+\text{缺货成本}+\text{提前期成本}+\text{库存成本}$$

$$=A+\bar{\pi}\sigma\sqrt{L}\psi(k)+R(L)$$

$$+\frac{h}{a}\left[k\sigma\sqrt{L}+(1-\beta)\sigma\sqrt{L}\psi(k)\right](1-e^{-a\frac{Q}{D}})$$

$$+\frac{hD}{a^2}\left(e^{-a\frac{Q}{D}}-1+a\frac{Q}{D}\right) \qquad (3\text{-}2)$$

这里 $\bar{\pi}=\pi+\pi_0(1-\beta)$ 。根据 Silver、Pyke 和 Peterson[112] 的结果，无穷时间长时总折现成本为：

$$\mathrm{PVC}(Q,k,L)=\frac{1}{1-e^{-a\frac{Q}{D}}}\mathrm{TC}(Q,k,L)$$

$$=\frac{1}{1-e^{-a\frac{Q}{D}}}\left[A+\bar{\pi}\sigma\sqrt{L}\psi(k)+R(L)+\frac{hQ}{a}\right]$$

$$+\frac{h}{a}\left[k\sigma\sqrt{L}+(1-\beta)\sigma\sqrt{L}\psi(k)\right]-\frac{hD}{a^2} \qquad (3\text{-}3)$$

最优库存策略是求正整数 Q 和正实数 k 和 L ，使式(3-3)中总折现成本 $\mathrm{PVC}(Q,k,L)$ 最小。求 $\mathrm{PVC}(Q,k,L)$ 对 L 的二阶偏导得：

$$\frac{\partial^2\mathrm{PVC}(Q,k,L)}{\partial L^2}=-\frac{\bar{\pi}\sigma\psi(k)}{4\sqrt{L^3}(1-e^{-a\frac{Q}{D}})}-\frac{h\sigma[k+(1-\beta)\psi(k)]}{4\sqrt{L^3}a}<0 \qquad (3\text{-}4)$$

当 $L\in[L_i,L_{i-1}]$ 时，$\mathrm{PVC}(Q,k,L)$ 为 L 的凹函数。因此最

优提前期 L 必定为区间 $[L_i, L_{i-1}]$ 的端点。求式(3-3)的最小值转变为求 $L=L_i$，$i=0, 1, 2, \cdots, n$ 时，总折现成本是式(3-3)的最小值，其中最小的一个 L_i 即为最优解。

现在假定提前期 L 预先给定，即总折现成本变为 $\mathrm{PVC}(Q, k)$。令 $\xi = 1 - e^{-a\frac{Q}{D}}$，则 $Q = -\dfrac{D\ln(1-\xi)}{a}$，$\xi \in (0, 1)$。代入式(3-3)得：

$$\mathrm{PVC}(\xi, k) = \frac{1}{\xi}\left[A + \bar{\pi}\sigma\sqrt{L}\psi(k) + R(L) - \frac{hD\ln(1-\xi)}{a^2}\right] + \frac{h}{a}[k\sigma\sqrt{L} + (1-\beta)\sigma\sqrt{L}\psi(k)] - \frac{hD}{a^2} \tag{3-5}$$

命题 3-1　当 $\xi \in (0, 1)$，$m(\xi) = \dfrac{-\ln(1-\xi)}{\xi}$ 为凸函数。

证明：
$$\frac{\mathrm{d}m(\xi)}{\mathrm{d}\xi} = \frac{1}{\xi}\left[\frac{1}{1-\xi} + \frac{\ln(1-\xi)}{\xi}\right] \tag{3-6}$$

$$\frac{\mathrm{d}^2m(\xi)}{\mathrm{d}\xi^2} = \frac{3\xi^2 - 2\xi - 2\ln(1-\xi) + 4\xi\ln(1-\xi) - 2\xi^2\ln(1-\xi)}{\xi^3(1-\xi)^2} \tag{3-7}$$

令 $n(\xi) = 3\xi^2 - 2\xi - 2\ln(1-\xi) + 4\xi\ln(1-\xi) - 2\xi^2\ln(1-\xi)$，得：

$$\frac{\mathrm{d}n(\xi)}{\mathrm{d}\xi} = 4\xi - 4\xi\ln(1-\xi) + 4\ln(1-\xi) \tag{3-8}$$

$$\frac{\mathrm{d}^2n(\xi)}{\mathrm{d}^2\xi} = -4\ln(1-\xi) > 0 \tag{3-9}$$

由于式(3-8)中，$\dfrac{\mathrm{d}n(0)}{\mathrm{d}\xi} = 0$，$\dfrac{\mathrm{d}^2n(\xi)}{\mathrm{d}^2\xi} > 0$，所以当 $\xi \in (0, 1)$ 时，$\dfrac{\mathrm{d}n(\xi)}{\mathrm{d}\xi} > 0$，即 $n(\xi)$ 为单调递增函数。又 $n(0)=0$，所以当 $\xi \in (0, 1)$ 时，$n(\xi) > 0$，即得 $m(\xi) = \dfrac{-\ln(1-\xi)}{\xi}$ 为凸函数，$m'(\xi)$ 为单调递增函数。证毕。

分别求式(3-5)对 ξ 和 k 的一阶偏导，得到由式(3-10)和式(3-11)组成的方程组(3A)：

$$\begin{cases}\dfrac{\partial \mathrm{PVC}(\xi,k)}{\partial \xi}=0=-\dfrac{1}{\xi^2}[A+\bar{\pi}\sigma\sqrt{L}\psi(k)+R(L)]+\dfrac{hD}{a^2}m'(\xi) & (3\text{-}10)\\ \dfrac{\partial \mathrm{PVC}(k,\xi)}{\partial k}=0=\sigma\sqrt{L}\left[\dfrac{1}{\xi}\bar{\pi}\psi'(k)+\dfrac{h}{a}+\dfrac{h(1-\beta)}{a}\psi'(k)\right] & (3\text{-}11)\end{cases}$$

由式(3-11)可分别得到式(3-12)和式(3-13)：

$$\Phi(k)=1-\frac{h}{\dfrac{a}{\xi}\bar{\pi}+h(1-\beta)} \tag{3-12}$$

$$\xi=-\frac{a\bar{\pi}\psi'(k)}{h[1+(1-\beta)\psi'(k)]} \tag{3-13}$$

由 $k\in[0,\infty)$ 和式(3-13)得 $\xi\in\left(0,\dfrac{a\bar{\pi}}{h(1+\beta)}\right]$。对于任意给定的正实数 $\xi\in\left(0,\min\left(1,\dfrac{a\bar{\pi}}{h(1+\beta)}\right)\right]$，可以采用如下方法判断 ξ 是否为方程组(3A)的解。

(1)定义一个函数 $F(\xi)$，函数 $F(\xi)$ 的值由步骤(2)、(3)得到。

(2)由式(3-12)算得 $\Phi(k)$ 值，查正态分布表得到唯一 k 值。

(3)将 ξ，k 的值代入式(3-10)，算得 $F(\xi)=\dfrac{\partial \mathrm{PVC}(k,\xi)}{\partial \xi}$ 的值。

(4)当且仅当 $F(\xi)=0$ 时，(ξ,k) 为方程组(3A)的解。

命题3-2 当 $\xi\in\left(0,\min\left(1,\dfrac{a\bar{\pi}}{h(1+\beta)}\right)\right]$ 时，判定函数 $F(\xi)$ 为单调递增函数。

证明：对于任意的 ξ_1 和 $\xi_2(\xi_1>\xi_2\geqslant 0)$，由式(3-12)得 $0\leqslant k_1<k_2$。由式(3-13)得：

$$\frac{\psi(k)}{\xi^2}=\frac{h^2}{\bar{\pi}^2a^2}\frac{\psi(k)[1+(1-\beta)\psi'(k)]^2}{[\psi'(k)]^2} \tag{3-14}$$

由 $k_1<k_2$，式(3-15)和式(3-14)得：

$$\frac{\psi(k_1)}{\xi_1^2} < \frac{\psi(k_2)}{\xi_2^2} \tag{3-15}$$

由式（3-15），$\xi_1 > \xi_2$ 和命题 3-1 得 $\frac{\partial PVC(\xi_1, k_1)}{\partial \xi} > \frac{\partial PVC(\xi_2, k_2)}{\partial \xi}$，即判定函数 $F(\xi)$ 为单调递增函数。证毕。

定理 3-1　当 $\xi \in (0,1)$，$k \in [0, \infty)$ 时，给定提前期 L 时，存在唯一的 ξ、k，使总折现成本 $PVC(\xi,k)$（式(3-3)）值最小。且当方程组(3A)存在唯一一组解时，这组解即为最优库存策略；若方程组(3A)无解时，则最优库存策略满足 $k = 0$。

证明：当 $\xi \in \left(0, \min\left(1, \frac{a\bar{\pi}}{h(1+\beta)}\right)\right]$，$k \in [0, \infty)$ 时，函数 $\frac{\psi(k)}{\xi}$ 的 Hessian 矩阵为：

$$\begin{vmatrix} \frac{\varphi(k)}{\xi} & \frac{\Phi(k)-1}{\xi^2} \\ \frac{\Phi(k)-1}{\xi^2} & \frac{2\psi(k)}{\xi^3} \end{vmatrix} = \frac{2\phi(k)\psi(k) - [1-\Phi(k)]^2}{\xi^4} \tag{3-16}$$

又由文献[99]附录定理的证明 $2\phi(k)\psi(k) - [1-\Phi(k)]^2 > 0$，$\frac{\phi(k)}{\xi} > 0$，即 $\frac{\psi(k)}{\xi}$ 为 ξ 和 k 的联合凸函数。$\frac{-\ln(1-\xi)}{\xi}$ 和 $\psi(k)$ 也为凸函数，给定提前期 L，$PVC(\xi,k)$ 为 ξ 和 k 的联合凸函数。又 $PVC(\xi,k)$ 为连续函数，且 $\lim_{\xi\to1} PVC(\xi,k) = \infty$，$\lim_{\xi\to0} PVC(\xi,k) = \infty$，$\lim_{k\to\infty} PVC(\xi,k) = \infty$。由命题 3-2 得，$F(\xi)$ 为单调递增函数，方程组(3A)最多只有一组解 (ξ,k)。若方程组(3A)存在唯一解，则该解使式(3-5)取最小值。否则 $k=0$，唯一的 ξ 由式(3-10)确定。又 ξ 和 Q 值一一对应，即给定提前期 L 时，存在唯一的 Q 和 k 值，使总折现成本 $PVC(\xi,k,L)$（式(3-3)）值最小。证毕

由定理 3-1 和前面的分析，得到如下的求解算法。

求解算法(3A)：

步骤 1　对每一个 $L = L_j$，$j = 1,2,\cdots,n$ 重复步骤(2)到(5)。

步骤2　首先令 $\xi_0 = 0$ 和 $\xi_1 = \min\left\{1, \frac{a\pi}{h(1+\beta)}\right\}$ 。若 $F(\xi_1) < 0$,则方程组(3A)无解。令 $k = 0$,然后由式(3-10)求得最优订货量 ξ ,并算得 Q 值。若 $F(\xi_1) \geqslant 0$,则转到步骤(3)。

步骤3　令 $\xi^* = \frac{\xi_0 + \xi_1}{2}$ 。计算判定函数 $F(\xi^*)$,若 $F(\xi^*) \leqslant 0$, 则令 $\xi_0 = \xi^*$,否则令 $\xi_1 = \xi^*$ 。

步骤4　计算 $Q_i = -\frac{D}{a}\ln(1-\xi_i)$, $i = 0,1$。若 $Q_1 - Q_0 \leqslant 1$,则转到步骤(5),否则继续重复步骤(4);

步骤5　分别令 Q^+ 为大于 Q_1 的最小整数, Q^- 为大于 Q_0 的最大整数, $Q^\#$ 为 Q^+ 和 Q^- 之间的正整数, $Q^\#$ 可以不存在。分别由 Q^+ 、Q^- 和 $Q^\#$,计算 ξ 的值,代入式(3-12)求得 k 值,然后计算总折现成本 $\mathrm{PVC}(Q,k,L)$ (式(3-3))值,此时最小值即为 $L = L_j$ 时的最优解 (Q_j, k_j) 。

步骤6　将每一对 (Q_j, k_j, L_j) 代入式(3-3),其中使总折现成本最小的一组 (Q_j, k_j, L_j) ,即为最优库存策略。

3.1.2　提前期需求分布未知

考虑提前期需求分布未知时,基于折现和可控提前期的库存问题。其假设和3.1.1节相同,但提前期需求分布未知。由定理3-1,最差分布时,一个周期内总缺货量的期望为 $\sigma\sqrt{L}G(k)$,类似式(3-3)的推导,无穷时间长的总折现成本为:

$$\mathrm{PVC}_U(Q,k,L) = \frac{1}{1-e^{-a\frac{Q}{D}}}\left[A + \bar{\pi}\sigma\sqrt{L}G(k) + R(L) + \frac{hQ}{a}\right] + \frac{h}{a}[k\sigma\sqrt{L} + (1-\beta)\sigma\sqrt{L}G(k)] - \frac{hD}{a^2} \tag{3-17}$$

求 $\mathrm{PVC}_U(Q,k,L)$ 对 L 的二阶偏导得:

$$\frac{\partial^2 \mathrm{PVC}_U(Q,k,L)}{\partial L^2} = -\frac{\bar{\pi}\sigma G(k)}{4\sqrt{L^3}(1-e^{-a\frac{Q}{D}})} - \frac{h\sigma[k + (1-\beta)G(k)]}{4\sqrt{L^3}a} < 0 \tag{3-18}$$

最优提前期 L 为区间 $[L_i,L_{i-1}]$ 的端点。求式(3-17)最小值转变为求 $L=L_i$ ，$i=0,1,2,\cdots,n$ 时，式(3-17)的最小值。令 $\xi=1-e^{-a\frac{Q}{D}}$ ，$\xi\in(0,1)$ ，式(3-17)转变为：

$$\mathrm{PVC}_U(\xi,k)=\frac{1}{\xi}\left[A+\bar{\pi}\sigma\sqrt{L}G(k)+R(L)-\frac{hD\ln(1-\xi)}{a^2}\right]+\frac{h}{a}[k\sigma\sqrt{L}+(1-\beta)\sigma\sqrt{L}G(k)]-\frac{hD}{a^2}\quad(3\text{-}19)$$

分别求式(3-19)对 ξ 和 k 的一阶偏导，得到由式(3-20)和式(3-21)组成的方程组(3B)。

$$\begin{cases}\dfrac{\partial\mathrm{PVC}_U(\xi,k)}{\partial\xi}=0=-\dfrac{1}{\xi^2}[A+\bar{\pi}\sigma\sqrt{L}G(k)+R(L)]+\dfrac{hD}{a^2}m'(\xi) & (3\text{-}20)\\ \dfrac{\partial\mathrm{PVC}_U(\xi,k)}{\partial k}=0=\sigma\sqrt{L}\left[\dfrac{1}{\xi}\bar{\pi}G'(k)+\dfrac{h}{a}+\dfrac{h(1-\beta)}{a}G'(k)\right] & (3\text{-}21)\end{cases}$$

由式(3-21)可分别得到式(3-22)和式(3-23)：

$$\frac{1}{2}\left(\frac{k}{\sqrt{k^2+1}}-1\right)=-\frac{h}{\frac{a}{\xi}\bar{\pi}+h(1-\beta)}\quad(3\text{-}22)$$

$$\xi=-\frac{a\bar{\pi}G'(k)}{h[1+(1-\beta)G'(k)]}\quad(3\text{-}23)$$

由 $k\in[0,\infty)$ 和式(3-23)得 $\xi\in\left(0,\dfrac{a\bar{\pi}}{h(1+\beta)}\right]$ 。对于任意给定的正实数 $\xi\in\left(0,\min\left(1,\dfrac{a\bar{\pi}}{h(1+\beta)}\right)\right]$ ，可以采用如下方法判断 ξ 是否为方程组(3B)的解。

(1)定义一个函数 $F_U(\xi)$ ，函数 $F_U(\xi)$ 的值由步骤(2)、(3)得到。

(2)将 ξ 代入方程式(3-22)，算得唯一 k 值。

(3)将 ξ ，k 代入式(3-20)，算得 $F_U(\xi)=\dfrac{\partial\mathrm{PVC}_U(\xi,k)}{\partial\xi}$ 的值。

(4)当且仅当 $F_U(\xi)=0$ 时，(ξ,k) 为方程组(3B)的解。

命题3-3 当 $\xi \in \left(0,\min\left(1,\dfrac{a\bar{\pi}}{h(1+\beta)}\right)\right]$ 时，判定函数 $F_U(\xi)$ 为单调递增函数。

证明：对于任意的 ξ_1 和 ξ_2($\xi_1>\xi_2$)，由式(3-22)得 $0\leqslant k_1<k_2$，由式(3-23)得：

$$\frac{G(k)}{\xi^2}=\frac{h^2}{\bar{\pi}^2a^2}\frac{G(k)\left[1+(1-\beta)G'(k)\right]^2}{\left[G'(k)\right]^2} \tag{3-24}$$

由 $k_1<k_2$，式(3-45)和式(3-22)知：

$$\frac{G(k_1)}{\xi_1^2}<\frac{G(k_2)}{\xi_2^2} \tag{3-25}$$

由式(3-25)，$\xi_1>\xi_2$ 和命题3-1得 $\dfrac{\partial \mathrm{PVC}_U(\xi_1,k_1)}{\partial \xi}>\dfrac{\partial \mathrm{PVC}_U(\xi_2,k_2)}{\partial \xi}$，即判定函数 $F_U(\xi)$ 为单调递增函数。证毕。

定理3-2 当 $\xi\in(0,1)$，$k\in[0,\infty)$ 时，给定提前期 L 时，存在唯一的 ξ、k，使总折现成本 $\mathrm{PVC}_U(\xi,k)$ (式(3-19))值最小。且当方程组(3B)存在唯一一组解时，这组解即为最优库存策略；若方程组(3B)无解时，则最优库存策略满足 $k=0$。

证明：当 $\xi \in \left(0,\min\left(1,\dfrac{a\bar{\pi}}{h(1+\beta)}\right)\right]$，$k\in[0,\infty)$ 时，函数 $\dfrac{G(k)}{\xi}$ 为 ξ 和 k 的联合凸函数。$\dfrac{-\ln(1-\xi)}{\xi}$ 和 $G(k)$ 也为凸函数。即给定提前期 L，$\mathrm{PVC}_U(\xi,k)$ 为 ξ 和 k 的联合凸函数。$\mathrm{PVC}_U(\xi,k)$ 为连续函数，且 $\lim\limits_{\xi\to1}\mathrm{PVC}_U(\xi,k)=\infty$，$\lim\limits_{\xi\to0}\mathrm{PVC}_U(\xi,k)=\infty$，$\lim\limits_{k\to\infty}\mathrm{PVC}_U(\xi,k)=\infty$。由命题3-3，若方程组(3B)存在唯一解，则该解使式(3-19)取最小值。否则 $k=0$，唯一的 ξ 由式(3-20)确定。即给定提前期 L 时，存在唯一的 Q 和 k 值，使总折现成本 $\mathrm{PVC}_U(Q,k,L)$ (式(3-17))值最小。证毕。

由定理3-2和前面的推导，可得到如下的求解算法。

求解算法(3B)：

步骤1 对每一个 $L = L_j$, $j = 1,2,\cdots,n$ 重复步骤(2)到(5)。

步骤2 首先令 $\xi_0 = 0$ 和 $\xi_1 = \min\{1, \frac{a\pi}{h(1+\beta)}\}$ 。若 $F_U(\xi_1) < 0$,则方程组(3B)无解。令 $k = 0$,然后由式(3-20)求最优订货量 ξ ,并得到 Q 值。若 $F_U(\xi_1) \geqslant 0$,则转到步骤(3)。

步骤3 令 $\xi^* = \frac{\xi_0 + \xi_1}{2}$ 。计算判定函数 $F_U(\xi^*)$,如果 $F_U(\xi^*) \leqslant 0$ 则令 $\xi_0 = \xi^*$,否则令 $\xi_1 = \xi^*$ 。

步骤4 计算 $Q_i = -\frac{D}{a}\ln(1-\xi_i)$, $i = 0,1$。若 $Q_1 - Q_0 \leqslant 1$,则转到步骤(5),否则继续重复步骤(3)。

步骤5 分别令 Q^+ 为大于 Q_1 的最小整数, Q^- 为大于 Q_0 的最大整数, $Q^\#$ 为 Q^+ 和 Q^- 之间的正整数, $Q^\#$ 可以不存在。分别由 Q^+ 、Q^- 和 $Q^\#$ 算得 ξ 值,代入式(3-22)求得 k 值,然后计算总折现成本式(3-17)值,此时最小值即为 $L = L_j$ 时的最优解 (Q_j, k_j)。

步骤6 对每一对 (Q_j, k_j, L_j) 代入其中使式(3-17)总折现成本最小的一组 (Q_j, k_j, L_j) ,即为最优库存策略。

3.2 提前期成本为幂函数时的库存模型

本节研究提前期成本为幂函数时,提前期成本和提前期长度关系为 $R(L) = CL^{-\theta}$, C 和 θ 为正值常数,考虑折现和可控提前期的库存模型。

3.2.1 提前期需求为正态分布

考虑提前期需求为正态分布,提前期成本为 $R(L) = CL^{-\theta}, \theta > 0$。其余假设和3.1.1节相同。类似式(3-3),无限时间长的总折现成本为:

$$\mathrm{PVC}(Q,k,L) = \frac{1}{1-e^{-a\frac{Q}{D}}}\left[A + \bar{\pi}\sigma\sqrt{L}\psi(k) + CL^{-\theta} + \frac{hQ}{a}\right]$$

$$+\frac{h}{a}[k\sigma\sqrt{L}+(1-\beta)\sigma\sqrt{L}\psi(k)]-\frac{hD}{a^2}$$

(3-26)

命题 3-4 对于给定的 Q,k,使总折现成本 $\mathrm{PVC}(Q,k,L)$ 最小的提前期 L 满足:

$$L^*=\left\{\frac{\sigma}{2\theta C}\left[\bar{\pi}\psi(k)+\frac{h}{a}(k+(1-\beta)\psi(k))\left(1-e^{-a\frac{Q}{D}}\right)\right]\right\}^{-\frac{2}{2\theta+1}}$$

证明:求式(3-26)对 L 的一阶偏导得:

$$\frac{\partial \mathrm{PVC}(Q,k,L)}{\partial L}=\frac{1}{1-e^{-a\frac{Q}{D}}}\cdot\left\{\frac{\sigma}{2\sqrt{L}}\left[\bar{\pi}\psi(k)+\frac{h}{a}(k+(1-\beta)\psi(k))\left(1-e^{-a\frac{Q}{D}}\right)\right]-\theta CL^{-\theta-1}\right\} \quad (3\text{-}27)$$

令式(3-27)为零,求解 L 得到:

$$L^*=\left\{\frac{\sigma}{2\theta C}\left[\bar{\pi}\psi(k)+\frac{h}{a}(k+(1-\beta)\psi(k))\cdot\left(1-e^{-a\frac{Q}{D}}\right)\right]\right\}^{-\frac{2}{2\theta+1}}$$

(3-28)

对于给定的 Q 和 k,当 $L<L^*$ 时,式(3-27)小于零,即 $\mathrm{PVC}(Q,k,L)$ 为 L 的单调递减函数,而当 $L>L^*$ 时,式(3-27)大于零,$\mathrm{PVC}(Q,k,L)$ 为 L 的单调递增函数。因此当 $L=L^*$ 时,$\mathrm{PVC}(Q,k,L)$ 的值最小。证毕。

将 $L=L^*$ 代入式(3-26)得到:

$$\mathrm{PVC}(Q,k)=\left\{A+\frac{hQ}{a}+V\left[\bar{\pi}\psi(k)+\frac{h}{a}(k+(1-\beta)\psi(k))\cdot\left(1-e^{-a\frac{Q}{D}}\right)\right]^{\frac{2\theta}{2\theta+1}}\right\}\times\frac{1}{1-e^{-a\frac{Q}{D}}}-\frac{hD}{a^2} \quad (3\text{-}29)$$

这里:$V=C^{\frac{1}{2\theta+1}}\sigma^{\frac{2\theta}{2\theta+1}}\left[(2\theta)^{\frac{1}{2\theta+1}}+(2\theta)^{-\frac{2\theta}{2\theta+1}}\right]$。

令 $\xi=1-e^{-a\frac{Q}{D}}$,$\xi\in(0,1)$。式(3-29)变化为式(3-30):

$$\mathrm{PVC}(\xi,k)=\frac{1}{\xi}\left\{A-\frac{hD\ln(1-\xi)}{a^2}+V\left[\bar{\pi}\psi(k)+\frac{h}{a}(k+(1-\beta)\psi(k))\xi\right]^{\frac{2\theta}{2\theta+1}}\right\}-\frac{hD}{a^2} \quad (3\text{-}30)$$

求式(3-30)对 ξ 和 k 的一阶偏导，得到由式(3-31)和式(3-32)组成的方程组(3C)。

$$\begin{cases}\dfrac{\partial \mathrm{PVC}(\xi,k)}{\partial \xi}=0=-\dfrac{V}{\xi^2}\left[\bar{\pi}\psi(k)+\dfrac{h}{a}(k+(1-\beta)\psi(k))\xi\right]^{-\frac{1}{2\theta+1}} \\ \qquad\left\{\bar{\pi}\psi(k)+\dfrac{h\xi}{a(2\theta+1)}[k+(1-\beta)\psi(k)]\right\} \\ \qquad-\dfrac{A}{\xi^2}+\dfrac{hD}{\xi a^2}\left[\dfrac{1}{(1-\xi)}+\dfrac{\ln(1-\xi)}{\xi}\right] \qquad (3\text{-}31) \\ \dfrac{\partial \mathrm{PVC}(\xi,k)}{\partial k}=0=\dfrac{2\theta V}{(2\theta+1)\xi}\left\{\bar{\pi}\psi(k)+\dfrac{h}{a}[k+(1-\beta)\psi(k)]\right. \\ \qquad\left.\xi\right\}^{-\frac{1}{2\theta+1}}\times\left\{\bar{\pi}\psi'(k)+\dfrac{h}{a}[1+(1-\beta)\psi'(k)]\xi\right\} \\ \qquad (3\text{-}32)\end{cases}$$

由式(3-32)得到：

$$\Phi(k)=1-\frac{h}{\dfrac{a\bar{\pi}}{\xi}+h(1-\beta)} \qquad (3\text{-}33)$$

由 $k\in[0,\infty)$ 和式(3-33)得 $\xi\in\left(0,\dfrac{a\bar{\pi}}{h(1+\beta)}\right]$，通过以下步骤，可以判断一个给定 $\xi\in\left(0,\min\left(1,\dfrac{a\bar{\pi}}{h(1+\beta)}\right)\right]$ 是否为方程组(3C)的解。

(1)定义一个判定函数 $F(\xi)$，函数 $F(\xi)$ 的值由步骤(2)和(3)得到。

(2)将 ξ 代入式(3-33)得到 $\Phi(k)$ 的值，查正态分布表得到唯一的 k 值。

(3)将 ξ 和 k 的值代入式(3-31)得到函数 $F(\xi)$ 的值。

(4)当且仅当 $F(\xi)=0$ 时，(ξ,k) 为方程组(3C)的解。

对于任意给定的两个正数 ξ_1 和 ξ_2 满足 $\xi_1>\xi_2$，$\xi\in\left(0,\min\left(1,\dfrac{a\pi}{h(1+\beta)}\right)\right]\Bigg)$，且 ξ_1、k_1 和 ξ_2、k_2 满足式(3-33)。式(3-33)

左边为 k 的单调递增函数,右边为 ξ 的单调递减函数。由 $\xi_1 > \xi_2$,得到 $0 \leqslant k_1 < k_2$。

命题 3-5 令函数 $f(\xi,k) = \bar{\pi}\psi(k) + \frac{h}{a}[k + (1-\beta)\psi(k)]\xi$。则有 $f(\xi_1,k_1) > f(\xi_2,k_2)$ 和 $\frac{1}{\xi_2^2}f(\xi_2,k_2) > \frac{1}{\xi_1^2}f(\xi_1,k_1)$。

证明:求 $f(\xi,k)$ 对 k 的一阶和二阶偏导,得到:

$$\frac{\partial f(\xi,k)}{\partial k} = \bar{\pi}\psi'(k) + \frac{h}{a}[1 + (1-\beta)\psi'(k)]\xi \tag{3-34}$$

$$\frac{\partial^2 f(\xi,k)}{\partial k^2} = \left[\bar{\pi} + \frac{h\xi}{a}(1-\beta)\right]\phi(k) > 0 \tag{3-35}$$

对于给定 ξ,$f(\xi,k)$ 为 k 的凸函数,使 $f(\xi,k)$ 取最小值的 k 满足 $\frac{\partial f(\xi,k)}{\partial k} = 0$。式(3-34)为零即等价于方程式(3-33),所以 $f(\xi_1,k_1) < f(\xi_1,k_2)$ 和 $f(\xi_2,k_2) < f(\xi_2,k_1)$。因此:

$$\begin{aligned} f(\xi_1,k_1) &= f(\xi_2,k_1) + \left\{\frac{h}{a}[k_1 + (1-\beta)\psi(k_1)]\right\}(\xi_1 - \xi_2) \\ &> f(\xi_2,k_1) > f(\xi_2,k_2) \end{aligned} \tag{3-36}$$

$$\begin{aligned} \frac{1}{\xi_2^2}f(\xi_2,k_2) &= \frac{1}{\xi_1^2}f(\xi_1,k_2) + \left(\frac{1}{\xi_2^2} - \frac{1}{\xi_1^2}\right)\bar{\pi}\psi(k_2) \\ &\quad + \frac{h}{a}\left(\frac{1}{\xi_2} - \frac{1}{\xi_1}\right)[k_2 + (1-\beta)\psi(k_2)] > \frac{1}{\xi_1^2}f(\xi_1,k_1) \end{aligned} \tag{3-37}$$

证毕。

命题 3-6 当 $\xi \in \left(0, \min\left(1, \frac{a\pi}{h(1+\beta)}\right)\right]$,判定函数 $F(\xi)$ 为单调递增函数。

证明:将式(3-31)改写为:

$$\begin{aligned} \frac{\partial \mathrm{PVC}(\xi,k)}{\partial \xi} &= -Vf(\xi,k)^{-\frac{1}{2\theta+1}} \cdot \left[\frac{2\theta}{2\theta+1}\frac{\psi(k)}{\xi^2} + \frac{1}{2\theta+1}\right. \\ &\quad \left.\frac{f(\xi,k)}{\xi^2}\right] - \frac{A}{\xi^2} + \frac{hD}{a^2}m'(\xi) \end{aligned} \tag{3-38}$$

由式(3-32)得到:

$$\xi = -\frac{a\bar{\pi}\psi'(k)}{h[1+(1-\beta)\psi'(k)]} \tag{3-39}$$

$$\frac{\psi(k)}{\xi^2} = \frac{h^2}{a^2\ \bar{\pi}^2}\frac{\psi(k)\ [1+(1-\beta)\psi'(k)]^2}{[\psi'(k)]^2} \tag{3-40}$$

由式(3-15)：

$$\frac{\psi(k_1)}{\xi_1^2} < \frac{\psi(k_2)}{\xi_2^2} \tag{3-41}$$

由命题 3-1 知 $\frac{hD}{a^2\xi}\left[\frac{1}{1-\xi}+\frac{\ln(1-\xi)}{\xi}\right]$ 为 ξ 的单调递增函数。由 $\xi_1 > \xi_2$ 得：

$$\frac{hD}{\xi_1 a^2}\left[\frac{1}{1-\xi_1}+\frac{\ln(1-\xi_1)}{\xi_1}\right] > \frac{hD}{\xi_2 a^2}\left[\frac{1}{1-\xi_2}+\frac{\ln(1-\xi_2)}{\xi_2}\right] \tag{3-42}$$

由式(3-36)得：

$$f(\xi_1,k_1)^{-\frac{1}{2\theta+1}} < f(\xi_2,k_2)^{-\frac{1}{2\theta+1}} \tag{3-43}$$

由式(3-37)和式(3-41)得：

$$\frac{2\theta}{2\theta+1}\frac{\psi(k_1)}{\xi_1^2}+\frac{1}{2\theta+1}\frac{f(\xi_1,k_1)}{\xi_1^2} < \frac{2\theta}{2\theta+1}\frac{\psi(k_2)}{\xi_2^2}+\frac{1}{2\theta+1}\frac{f(\xi_2,k_2)}{\xi_2^2} \tag{3-44}$$

由 $\xi_1 > \xi_2$ 得：

$$-\frac{A}{\xi_1^2} > -\frac{A}{\xi_2^2} \tag{3-45}$$

综上，由式(3-42)、式(3-43)、式(3-44)和式(3-45)知，$F(\xi_1) > F(\xi_2)$，即 $F(\xi)$ 为单调递增函数。证毕。

由命题 3-6 知，方程组(3C)有唯一解时，PVC(ξ,k) 有唯一的驻点。现在证明这个驻点为 PVC(ξ,k) 的全局最小值点。

命题 3-7　若 PVC(ξ,k)（式 3–30）存在唯一的驻点 (ξ_0,k_0)，则 (ξ_0,k_0) 为全局最小值。

证明：令函数 $S(\xi,k) = Z(\xi,k)^{\lambda}\xi^{\lambda-1}$。其中 $Z(\xi,k) = \frac{\psi(k)}{\xi} +$

$m[k+n\cdot\psi(k)]$，$\lambda=\dfrac{2\theta}{2\theta+1}$，$m=\dfrac{h}{a\bar{\pi}}$，$n=1-\beta$。则 $\mathrm{PVC}(\xi,k)$ $=\dfrac{1}{\xi}\left[A-\dfrac{hD\ln(1-\xi)}{a^2}\right]-\dfrac{hD}{a^2}+\bar{\pi}^{\lambda}VS(\xi,k)$。

又由命题3-1，$\dfrac{1}{\xi}\left[A-\dfrac{hD\ln(1-\xi)}{a^2}\right]-\dfrac{hD}{a^2}$ 对 ξ 的二阶导数大于零。因此证明 $\mathrm{PVC}(\xi,k)$ 在驻点 (ξ_0,k_0) 的 Hessian 矩阵正定，只需证明 $S(\xi,k)$ 在 (ξ_0,k_0) 的 Hessian 矩阵正定。求 $S(\xi,k)$ 对 ξ 和 k 的偏导得：

$$\begin{aligned}\frac{\partial^2 S(\xi,k)}{\partial\xi^2}&=(\lambda-1)(\lambda-2)\xi^{\lambda-3}\cdot Z(\xi,k)^{\lambda}\\&\quad+\lambda(\lambda-1)\xi^{\lambda-1}\cdot Z(\xi,k)^{\lambda-1}\frac{\partial Z(\xi,k)}{\partial\xi}\\&\quad\times\left[2\xi^{-1}+Z(\xi,k)^{-1}\cdot\frac{\partial Z(\xi,k)}{\partial\xi}\right]\\&\quad+\lambda\xi^{\lambda-1}\cdot Z(\xi,k)^{\lambda-1}\frac{\partial^2 Z(\xi,k)}{\partial\xi^2}\end{aligned}\tag{3-46}$$

$$\begin{aligned}\frac{\partial^2 S(\xi,k)}{\partial k^2}&=\lambda(\lambda-1)\xi^{\lambda-1}\cdot Z(\xi,k)^{\lambda-2}\left(\frac{\partial Z(\xi,k)}{\partial k}\right)^2\\&\quad+\lambda\xi^{\lambda-1}\cdot Z(\xi,k)^{\lambda-1}\frac{\partial^2 Z(\xi,k)}{\partial k^2}\end{aligned}\tag{3-47}$$

$$\begin{aligned}\frac{\partial^2 S(\xi,k)}{\partial\xi\partial k}&=\lambda(\lambda-1)\xi^{\lambda-2}\cdot Z(\xi,k)^{\lambda-1}\frac{\partial Z(\xi,k)}{\partial k}\\&\quad+(\lambda-1)\lambda\xi^{\lambda-1}\cdot Z(\xi,k)^{\lambda-2}\\&\quad\times\frac{\partial Z(\xi,k)}{\partial\xi}\frac{\partial Z(\xi,k)}{\partial k}+\lambda\xi^{\lambda-1}\cdot Z(\xi,k)^{\lambda-1}\frac{\partial^2 Z(\xi,k)}{\partial\xi\partial k}\end{aligned}\tag{3-48}$$

由式(3-33)得：

$$\frac{\partial Z(\xi_0,k_0)}{\partial k}=0\tag{3-49}$$

所以在 (ξ_0,k_0) 点：

$$\frac{\partial^2 S(\xi_0,k_0)}{\partial k^2}=\lambda\xi_0^{\lambda-1}Z(\xi_0,k_0)^{\lambda-1}\cdot\frac{\partial^2 Z(\xi_0,k_0)}{\partial k^2}\tag{3-50}$$

$$\frac{\partial^2 S(\xi_0,k_0)}{\partial\xi\partial k}=\lambda\xi_0^{\lambda-1}Z(\xi_0,k_0)^{\lambda-1}\cdot\frac{\partial^2 Z(\xi_0,k_0)}{\partial\xi\partial k} \tag{3-51}$$

又在式(3-46)中：

$$\frac{\partial Z(\xi_0,k_0)}{\partial\xi}=-\frac{\psi(k_0)}{\xi_0^2}<0 \tag{3-52}$$

$$2\xi^{-1}+Z(\xi,k)^{-1}\cdot\frac{\partial Z(\xi,k)}{\partial\xi}$$

$$=\frac{2}{\xi}-\frac{\psi(k_0)}{\xi_0^2}\cdot\frac{1}{\dfrac{\psi(k_0)}{\xi_0}+m\cdot[k_0+n\cdot\psi(k_0)]}>0 \tag{3-53}$$

由式(3-52)和式(3-53)得：

$$\frac{\partial^2 S(\xi_0,k_0)}{\partial\xi^2}>\lambda\xi_0{}^{\lambda-1}Z(\xi_0,k_0)^{\lambda-1}\cdot\frac{\partial^2 Z(\xi_0,k_0)}{\partial\xi^2}>0 \tag{3-54}$$

由式(3-50)、式(3-51)和式(3-53)得：

$$\frac{\partial^2 S(\xi_0,k_0)}{\partial k^2}\cdot\frac{\partial^2 S(\xi_0,k_0)}{\partial\xi^2}-\left[\frac{\partial^2 S(\xi_0,k_0)}{\partial\xi\partial k}\right]^2$$

$$>\lambda^2\xi_0^{2\lambda-2}Z(\xi_0,k_0)^{2\lambda-2}$$

$$\left[\frac{\partial^2 Z(\xi_0,k_0)}{\partial\xi^2}\cdot\frac{\partial^2 Z(\xi_0,k_0)}{\partial k^2}-\frac{\partial^2 Z(\xi_0,k_0)}{\partial\xi\partial k}\right]>0 \tag{3-55}$$

由式(3-54)和式(3-55)得 $S(\xi,k)$ 在 (ξ_0,k_0) 的 Hessian 矩阵正定,因此证明 PVC(ξ,k) 在驻点 (ξ_0,k_0) 的 Hessian 矩阵正定,(ξ_0,k_0) 点为全局最小值点。证毕。

定理 3-3　当 $\xi\in(0,1)$，$k\in[0,\infty)$ 时,存在唯一的 Q、k、L，使总折现成本(式(3-26))值最小。

证明:由命题 3-6,方程组(3C)最多只有一组正实数解 (ξ,k)。若方程组(3C)存在唯一解,由命题 3-7 的证明知,该点为 PVC(ξ,k) 的最小值点,方程组的解 ξ、k 以及式(3-28)求得的 L 即使总折现成本(式(3-26))值最小。若方程组(3C)无解,由于 $\lim_{\xi\to1}\mathrm{PVC}(\xi,k)=\infty$，$\lim_{\xi\to0}\mathrm{PVC}(\xi,k)=\infty$，$\lim_{k\to\infty}\mathrm{PVC}(\xi,k)=\infty$,则必有 $k=0$,唯一的 ξ 由式(3-31)确定。提前期 L 由式(3-28)唯一确定,ξ 和 Q 值一一对

应,所以存在唯一的 Q、k、L ,使式(3-26)值最小。证毕。

由命题3-6、定理3-3 和前面的分析,得到如下求解算法。

求解算法(3C)

步骤1　令 $\xi_0 = 0, \xi_1 = \min\left\{1, \frac{a\pi}{h(1+\beta)}\right\}$ 。若 $F(\xi_1) \leqslant 0$,则令 $k=0$,由式(3-31)求解 ξ 值,由 $Q = -\frac{D}{a}\ln(1-\xi_i)$,并由式(3-28)算出 L 值。

步骤2　若 $F(\xi_1) > 0$,则令 $\xi^* = \frac{\xi_0 + \xi_1}{2}$ 。如果 $F(\xi^*) <0$,则令 $\xi_0 = \xi^*$,否则令 $\xi_1 = \xi^*$ 。

步骤3　计算 $Q_i = -\frac{D}{a}\ln(1-\xi_i)$, $i=0,1$。重复步骤(2),直到 $Q_1 - Q_0 \leqslant 1$;

步骤4　令 Q^+ 为大于 Q_1 的最小整数, Q^- 为大于 Q_0 的最大整数, $Q^\#$ 为 Q^+ 和 Q^- 之间的正整数, $Q^\#$ 可以不存在。分别由 Q^+ 、Q^- 和 $Q^\#$ 算得 ξ 值,代入式(3-33)求得 k 值,然后由式(3-29)计算总折现成本,其中最小值即为最优库存策略。最优提前期 L 由式(3-28)算得。

3.2.2 提前期需求分布未知

现在考虑提前期分布未知,提前期成本为 $R(L) = CL^{-\theta}, \theta > 0$。其余假设和4.1.2 节相同。则无限时间长的总折现成本为:

$$\mathrm{PVC}_U(Q,k,L) = \frac{1}{1-e^{-a\frac{Q}{D}}}\left[A + \bar{\pi}\sigma\sqrt{L}G(k) + CL^{-\theta} + \frac{hQ}{a}\right] + \frac{h}{a}\left[k\sigma\sqrt{L} + (1-\beta)\sigma\sqrt{L}G(k)\right] - \frac{hD}{a^2} \tag{3-56}$$

类似于正态分布时命题3-4 的证明,可得到命题3-7。

命题3-8　对于给定的 Q、k ,使总折现成本 $\mathrm{PVC}_U(Q,z,L)$ 最优的提前期 L^* 满足:

$$L^{*} = \left\{\frac{\sigma}{2\theta C}\left[\bar{\pi}G(k) + \frac{h}{a}(k + (1-\beta)G(k)) \cdot (1 - e^{-a\frac{Q}{D}})\right]\right\}^{-\frac{2}{2\theta+1}} \tag{3-57}$$

将 $L = L^{*}$ 代入式(3-57)得到：

$$\mathrm{PVC}_{U}(Q,k) = \left\{A + \frac{hQ}{a} + V\left[\bar{\pi}G(k) + \frac{h}{a}(k + (1-\beta)G(k)) \cdot (1 - e^{-a\frac{Q}{D}})\right]^{\frac{2\theta}{2\theta+1}}\right\} \times \frac{1}{1 - e^{-a\frac{Q}{D}}} - \frac{hD}{a^{2}} \tag{3-58}$$

这里：$V = C^{\frac{1}{2\theta+1}}\sigma^{\frac{2\theta}{2\theta+1}}\left[(2\theta)^{\frac{1}{2\theta+1}} + (2\theta)^{-\frac{2\theta}{2\theta+1}}\right]$。

令 $\xi = 1 - e^{-a\frac{Q}{D}}$，$\xi \in (0,1)$。式(3-58)变为式(3-59)：

$$\mathrm{PVC}_{U}(\xi,k) = \frac{1}{\xi}\left\{A - \frac{hD\ln(1-\xi)}{a^{2}} + V\left[\bar{\pi}G(k) + \frac{h}{a}(k + (1-\beta)G(k))\xi\right]^{\frac{2\theta}{2\theta+1}}\right\} - \frac{hD}{a^{2}} \tag{3-59}$$

求式(3-59)对 ξ 和 k 的一阶偏导，得到由式(3-60)和式(3-61)组成的方程组(3D)：

$$\frac{\partial \mathrm{PVC}_{U}(\xi,k)}{\partial \xi} = 0 = -\frac{V}{\xi^{2}}\left[\bar{\pi}G(k) + \frac{h}{a}(k + (1-\beta)G(k))\xi\right]^{-\frac{1}{2\theta+1}} \left\{\bar{\pi}G(k) + \frac{h\xi}{a(2\theta+1)}[k + (1-\beta)G(k)]\right\} - \frac{A}{\xi^{2}} + \frac{hD}{\xi a^{2}}\left[\frac{1}{(1-\xi)} + \frac{\ln(1-\xi)}{\xi}\right] \tag{3-60}$$

$$\frac{\partial \mathrm{PVC}_{U}(\xi,k)}{\partial k} = 0 = \frac{2\theta V}{(2\theta+1)\xi}\left[\bar{\pi}G(k) + \frac{h}{a}(k + (1-\beta) G(k))\xi\right]^{-\frac{1}{2\theta+1}} \times \left\{\bar{\pi}G'(k) + \frac{h}{a}[1 + (1-\beta) G'(k)]\xi\right\} \tag{3-61}$$

由式(3-61)得到：

$$\frac{1}{2}\left(\frac{k}{\sqrt{k^2+1}}-1\right)=-\frac{h}{\frac{a\bar{\pi}}{\xi}+h(1-\beta)} \tag{3-62}$$

由 $k\in[0,\infty)$ 和式(3-62)得 $\xi\in\left(0,\frac{a\bar{\pi}}{h(1+\beta)}\right]$，通过以下的步骤可以判断一个给定 $\xi\in\left(0,\min\left(1,\frac{a\bar{\pi}}{h(1+\beta)}\right)\right]$ 是否为方程组(3D)的解。

(1)定义一个判定函数 $F_U(\xi)$，函数 $F_U(\xi)$ 的值可由步骤(2)和(3)得到。

(2)将 ξ 代入式(3-62)得到 k 的值。

(3)将 ξ 和 k 的值代入式(3-60)得到函数 $F_U(\xi)$ 的值。

(4)当且仅当 $F_U(\xi)=0$ 时，(ξ,k) 为方程组(3D)的解。

对于任意给定的两个正数 ξ_1 和 ξ_2 $\left(\xi_1>\xi_2,\ \xi\in\left(0,\min\left(1,\frac{a\bar{\pi}}{h(1+\beta)}\right)\right]\right)$，式(3-62)的左边为 k 的单调递增函数，右边为 ξ 的单调递减函数。由 $\xi_1>\xi_2$，得到 $k_1<k_2$。

命题 3-9 令函数 $f_U(\xi,k)=\bar{\pi}\psi(k)+\frac{h}{a}[k+(1-\beta)G(k)]\xi$。则有 $f_U(\xi_1,k_1)>f_U(\xi_2,k_2)$ 和 $\frac{1}{\xi_2^2}f_U(\xi_2,k_2)>\frac{1}{\xi_1^2}f_U(\xi_1,k_1)$。

证明：求 $f_U(\xi,k)$ 对 k 的一阶和二阶偏导，得到：

$$\frac{\partial f_U(\xi,k)}{\partial k}=\bar{\pi}G'(k)+\frac{h}{a}[1+(1-\beta)G'(k)]\xi \tag{3-63}$$

$$\frac{\partial^2 f_U(\xi,k)}{\partial k^2}=\frac{1}{2}\left[\bar{\pi}+\frac{h\xi}{a}(1-\beta)\right](k^2+1)^{-\frac{3}{2}}>0 \tag{3-64}$$

对于给定 ξ，$f_U(\xi,k)$ 为 k 的凸函数，使 $f_U(\xi,k)$ 取最小值的 k 应该满足 $\frac{\partial f_U(\xi,k)}{\partial k}=0$。式(3-63)值为零即等价于方程式(3-62)，所以 $f_U(\xi_1,k_1)<f_U(\xi_1,k_2)$ 和 $f_U(\xi_2,k_2)<f_U(\xi_2,k_1)$。因此有：

$$f_U(\xi_1,k_1)=f_U(\xi_2,k_1)+\left\{\frac{h}{a}[k_1+(1-\beta)G(k_1)]\right\}(\xi_1-\xi_2)$$

$$>f_U(\xi_2,k_1)>f_U(\xi_2,k_2) \tag{3-65}$$

$$\frac{1}{\xi_2^2}f_U(\xi_2,k_2)=\frac{1}{\xi_1^2}f_U(\xi_1,k_2)+\left(\frac{1}{\xi_2^2}-\frac{1}{\xi_1^2}\right)\bar{\pi}G(k_2)+$$

$$\frac{h}{a}\left(\frac{1}{\xi_2}-\frac{1}{\xi_1}\right)[k_2+(1-\beta)G(k_2)] \tag{3-66}$$

$$>\frac{1}{\xi_1^2}f_U(\xi_1,k_1)$$

证毕。

命题 3-10　当 $\xi\in(0,\min(1,\frac{a\bar{\pi}}{h(1+\beta)})]$ 时，判定函数 $F_U(\xi)$ 为单调递增函数。

证明：将式(3-60)改写为：

$$\frac{\partial \mathrm{PVC}_U(\xi,k)}{\partial\xi}=-Vf_U(\xi,k)^{-\frac{1}{2\theta+1}}\cdot\left[\frac{2\theta}{2\theta+1}\frac{G(k)}{\xi^2}+\frac{1}{2\theta+1}\frac{f_U(\xi,k)}{\xi^2}\right]$$

$$-\frac{A}{\xi^2}+\frac{hD}{a^2}m'(\xi) \tag{3-67}$$

由式(3-61)得：

$$\xi=-\frac{a\bar{\pi}G'(k)}{h[1+(1-\beta)G'(k)]} \tag{3-68}$$

$$\frac{G(k)}{\xi^2}=\frac{h^2}{a^2\bar{\pi}^2}\frac{G(k)[1+(1-\beta)G'(k)]^2}{[G'(k)]^2} \tag{3-69}$$

由式(3-45)得：

$$\frac{G(k_1)}{\xi_1^2}<\frac{G(k_2)}{\xi_2^2} \tag{3-70}$$

由命题 3-1、式(3-65)、式(3-66)、式(3-70)得，$F_U(\xi_1)>F_U(\xi_2)$，即 $F_U(\xi)$ 为单调递增函数。证毕。

命题 3-11　若 $\mathrm{PVC}_U(\xi,k)$（式(3-58)）存在唯一的驻点 (ξ_0,k_0)，则 (ξ_0,k_0) 为全局最小值。

证明：令函数 $S_U(\xi,k)=Z_U(\xi,k)^{\lambda}\xi^{\lambda-1}$。其中 $Z_U(\xi,k)=\frac{G(k)}{\xi}+m[k+n\cdot G(k)]$，$\lambda=\frac{2\theta}{2\theta+1}$，$m=\frac{h}{a\bar{\pi}}$，$n=1-\beta$。则

$$\mathrm{PVC}_U(\xi,k)=\frac{1}{\xi}\left[A-\frac{hD\ln(1-\xi)}{a^2}\right]-\frac{hD}{a^2}+\bar{\pi}^{\lambda}VS_U(\xi,k)\text{。}$$

由命题3-1，证明 $\mathrm{PVC}_U(\xi,k)$ 在驻点 (ξ_0,k_0) 的 Hessian 矩阵正定，只需证明 $S_U(\xi,k)$ 在 (ξ_0,k_0) 的 Hessian 矩阵正定。求 $S_U(\xi,k)$ 在 (ξ_0,k_0) 点对 ξ 和 k 的偏导得：

$$\frac{\partial^2 S_U(\xi_0,k_0)}{\partial\xi^2}=\xi_0^{\lambda-1}Z_U(\xi_0,k_0)^{\lambda-1}\cdot\Big\{(\lambda-1)(\lambda-2)\xi_0^{-2}Z_U(\xi_0,k_0)+\lambda(\lambda-1)\frac{\partial Z_U(\xi_0,k_0)}{\partial\xi}\cdot\left[\frac{2}{\xi_0}+Z_U(\xi_0,k_0)^{-1}\cdot\frac{\partial Z_U(\xi_0,k_0)}{\partial\xi}\right]+\lambda\cdot\frac{\partial^2 Z_U(\xi_0,k_0)}{\partial\xi^2}\Big\}\tag{3-71}$$

$$\frac{\partial^2 S_U(\xi_0,k_0)}{\partial k^2}=\lambda\xi_0^{\lambda-1}Z_U(\xi_0,k_0)^{\lambda-1}\cdot\frac{\partial^2 Z_U(\xi_0,k_0)}{\partial k^2}\tag{3-72}$$

$$\frac{\partial^2 S_U(\xi_0,k_0)}{\partial\xi\partial k}=\lambda\xi_0^{\lambda-1}Z_U(\xi_0,k_0)^{\lambda-1}\cdot\frac{\partial^2 Z_U(\xi_0,k_0)}{\partial\xi\partial k}\tag{3-73}$$

又在式(3-71)中：

$$\frac{\partial Z_U(\xi_0,k_0)}{\partial\xi}=-\frac{G(k_0)}{\xi_0^2}<0\tag{3-74}$$

$$2\xi^{-1}+S_U(\xi,k)^{-1}\cdot\frac{\partial S_U(\xi,k)}{\partial\xi}=\frac{2}{\xi}-\frac{G(k_0)}{\xi_0^2}\cdot\frac{1}{\frac{G(k_0)}{\xi_0}+m\cdot[k_0+n\cdot G(k_0)]}>0\tag{3-75}$$

由式(3-75)得：

$$\frac{\partial^2 S_U(\xi_0,k_0)}{\partial\xi^2}>\lambda\xi_0^{\lambda-1}Z_U(\xi_0,k_0)^{\lambda-1}\cdot\frac{\partial^2 Z_U(\xi_0,k_0)}{\partial\xi^2}>0\tag{3-76}$$

由式(3-72)、式(3-73)和式(3-76)得:

$$\frac{\partial^2 S_U(\xi_0,k_0)}{\partial k^2}\cdot\frac{\partial^2 S_U(\xi_0,k_0)}{\partial \xi^2}-\left[\frac{\partial^2 S_U(\xi_0,k_0)}{\partial \xi\partial k}\right]^2$$

$$>\lambda^2\xi_0^{2\lambda-2}Z_U(\xi_0,k_0)^{2\lambda-2}$$

$$\times\left[\frac{\partial^2 Z_U(\xi_0,k_0)}{\partial \xi^2}\cdot\frac{\partial^2 Z_U(\xi_0,k_0)}{\partial k^2}-\frac{\partial^2 Z_U(\xi_0,k_0)}{\partial \xi\partial k}\right]>0 \quad (3\text{-}77)$$

由式(3-76)和式(3-77)得 $S_U(\xi,k)$ 在 (ξ_0,k_0) 的 Hessian 矩阵正定,因此 $\mathrm{PVC}_U(\xi,k)$ 在驻点 (ξ_0,k_0) 的 Hessian 矩阵正定,(ξ_0,k_0) 点为全局最小值点。证毕。

定理 3-4　当 $\xi\in(0,1)$, $k\in[0,\infty)$ 时,存在唯一的 Q、k、L ,使总折现成本 $\mathrm{PVC}_U(Q,z,L)$ (式(3-46))值最小。

证明:由命题 3-10 得方程组(3D)最多只有一组正实数解 (ξ,k) 。若方程组(3D)存在唯一解,由命题 3-11 的证明知,该点为 $\mathrm{PVC}_U(\xi,k)$ 的最小值点。若方程组(3D)无解,由于 $\lim\limits_{\xi\to1}\mathrm{PVC}_U(\xi,k)=\infty$, $\lim\limits_{\xi\to0}\mathrm{PVC}_U(\xi,k)=\infty$, $\lim\limits_{k\to\infty}\mathrm{PVC}_U(\xi,k)=\infty$,则必有 $k=0$,唯一的 ξ 由式(3-60)确定。所以存在唯一的 Q、k、L ,使式(3-46)值最小。证毕。

综上得到如下求解算法。

求解算法(3D):

步骤 1　令 $\xi_0=0$, $\xi_1=\min\left\{1,\dfrac{a\pi}{h(1+\beta)}\right\}$ 。若 $F_U(\xi_1)\leqslant0$,则令 $k=0$,由式(3-60)求解 ξ 值,并算得 Q 和 L 值。

步骤 2　若 $F_U(\xi_1)>0$,则令 $\xi^*=\dfrac{\xi_0+\xi_1}{2}$ 。如果 $F_U(\xi^*)<0$,则令 $\xi_0=\xi^*$,否则令 $\xi_1=\xi^*$ 。

步骤 3　计算 $Q_i=-\dfrac{D}{a}\ln(1-\xi_i)$, $i=0,1$。重复步骤 2,直到 $Q_1-Q_0\leqslant1$。

步骤 4　令 Q^+ 为大于 Q_1 的最小整数, Q^- 为大于 Q_0 的最大整数, $Q^\#$ 为 Q^+ 和 Q^- 之间的正整数, $Q^\#$ 可以不存在。分别将 Q^+ 、Q^-

和 $Q^{\#}$ 代入式(3-62)求得 k 值,然后由式(3-58)计算总折现成本,其中最小值即为最优库存策略,最优提前期 L 由式(3-57)算得。

3.3 敏感性分析

当提前期成本为幂函数时，最优提前期 L 连续变化。因此可以采用敏感性分析来研究：(1)提前期 L 缩短时，订货量和安全系数的变化趋势；(2)不同提前期需求分布对库存管理的影响；(3)利率 a 变化对库存策略的影响。为了分析的简便和有意义，假定最优库存策略不取边界值，即最优安全系数 $k>0$。只考虑提前期变化时，方程组(3C)和(3D)有解的情况。

由于考虑利率时，方程组(3C)和方程组(3D)的判定函数也为单调递增函数。类似于定理 3-3 的证明，得到定理 3-5，其中 L_0、L_1、L_2 定义与定理 3-3 中相同。

定理 3-5 当提前期需求为正态分布或分布未知时，缩短提前期 L 时，都存在两个不同的阶段 $[L_0, L_1]$，$[L_1, L_2]$，其中 $L_2>L_1>L_0$。当 $L\in[L_1, L_2]$ 时，随着提前期 L 的缩短，订货量 Q 单调递减，安全系数 k 单调递增；当 $L\in[L_0, L_1]$ 时，随着提前期 L 的缩短，订货量 Q 单调递增，安全系数 k 单调递减。当 $L>L_2$ 时，方程组(3C)和(3D)无解。

现在比较提前期需求为正态分布和提前期需求分布未知时，最优库存策略的区别。

定理 3-6 提前期需求分布未知与正态分布相比，最优订货量会增大，提前期会缩短，总折现成本会增加。

证明：提前期需求分布未知时，总折现会增加。给定 ξ 值，首先比较辅助函数 $f(\xi, k_1)$ 和 $f_U(\xi, k_2)$ 的大小，这里 k_1 和 k_2 分别由式(3-33)和式(3-62)求得。则有：

$$f(\xi,k_1)<f_U(\xi,k_2) \tag{3-78}$$

命题(3-11)中,令 $\gamma=\dfrac{a\overline{\pi}}{h\xi}+(1-\beta)$ 得：

$$\frac{\psi(k_1)}{f(\xi,k_1)} < \frac{G(k_2)}{f_U(\xi,k_2)} \tag{3-79}$$

由式(3-78)和式(3-79)得：

$$f(\xi,k_1)^{-\frac{1}{2\theta+1}} \cdot \psi(k_1) < f_U(\xi,k_2)^{-\frac{1}{2\theta+1}} \cdot G(k_2) \tag{3-80}$$

由式(3-78)和式(3-80)得，对于给定的 ξ，判定函数 $F(\xi) > F_U(\xi)$（判定函数见式(3-31)和式(3-60)），因此提前期需求分布未知与正态分布相比，最优订货量会增大。由式(3-28)和式(3-57)得提前期会缩短。证毕。

现在分析率 a 增大时，最优总折现成本，最优安全系数和提前期的变化情况。

定理 3-7　当利率 a 增大时，最优总折现成本 $\mathrm{PVC}(Q, k, L)$ 和 $\mathrm{PVC}_U(Q, k, L)$ 会降低，最优安全系数、安全库存和提前期均会增大。

证明：(1)式(3-26)和式(3-56)中，当 Q、k、L 值不变时，当 a 增大，则 $1 - e^{-a\frac{Q}{D}}$ 会降低，$\dfrac{hQ}{a(1 - e^{-a\frac{Q}{D}})} - \dfrac{hD}{a^2}$ 为 a 的单调递减函数。即当 Q、k、L 值不变时，当利率 a 增大时式(3-26)和式(3-56)值降低。因此最优总折现成本 $\mathrm{PVC}(Q,k,L)$ 会降低。

(2)首先考虑正态分布，设利率为 a 时，对应的最优库存策略为 Q_1、k_1、L_1。现在假设利率增大为 λa ($\lambda > 1$)，最优库存策略为 ξ_2、k_2、L_2。分析此时判定函数(见式(3-36))的变化情况。令 $\xi = \lambda\xi_1$，此时由式(3-33)知，最优安全系数值不变，仍然为 k_1。因此判断函数变为式(3-81)：

$$\begin{aligned}\frac{\partial \mathrm{PVC}_\lambda(\xi,k)}{\partial \xi} = &-\frac{V}{(\lambda\xi_1)^2} \cdot f_\lambda(\lambda\xi_1,k_1)^{-\frac{1}{2\theta+1}} \\ &\cdot \left\{\frac{2\theta}{2\theta+1}\frac{\psi(k_1)}{(\lambda\xi_1)^2} + \frac{1}{2\theta+1}\frac{f_\lambda(\lambda\xi_1,k_1)}{(\lambda\xi_1)^2}\right\} \\ &-\frac{A}{\lambda^2\xi_1^2} + \frac{hD}{\lambda^2(\lambda\xi_1)a^2}\left[\frac{1}{1-\lambda\xi_1} + \frac{\ln(1-\lambda\xi_1)}{\lambda\xi_1}\right]\Bigg\}\end{aligned} \tag{3-81}$$

其中：

$$f_\lambda(\lambda\xi_1,k_1)=\left[\bar{\pi}\psi(k_1)+\frac{h}{\lambda a}(k_1+(1-\beta)\psi(k_1))\lambda\xi_1\right]$$
$$=f(\xi_1,k_1) \tag{3-82}$$

由命题 3-1 知 $m'(\xi)$ 为单调递增函数,所以:

$$\frac{hD}{\lambda\xi_1 a^2}\left[\frac{1}{1-\lambda\xi_1}+\frac{\ln(1-\lambda\xi_1)}{\lambda\xi_1}\right]>\frac{hD}{\xi_1 a^2}\left[\frac{1}{1-\xi_1}+\frac{\ln(1-\xi_1)}{\xi_1}\right] \tag{3-83}$$

由式(3-83),$\lambda>1$ 和 $\frac{\partial \mathrm{PVC}(\xi_1,k_1)}{\partial\xi}=0$ 得:

$$\frac{\partial \mathrm{PVC}_\lambda(\lambda\xi_1,k_1)}{\partial\xi}>0 \tag{3-84}$$

由于判定函数为单调递增函数,因此当利率 a 增大为 λa 时,当 $\xi=\lambda\xi_1$ 时,判定函数值大于零,因此最优 ξ 的值小于 $\lambda\xi_1$。由式(3-28)和式(3-33)得 $k_2>k_1$, $L_2>L_1$。因此安全库存 $k_2\sigma\sqrt{L_2}>k_1\sigma\sqrt{L_1}$。即当利率 a 增大时,最优安全系数、安全库存和提前期均会增大。当提前期需求分布未知时,类似的证明可以得到同样的结果。证毕。

当利率增加时,未来的成本折现后,会相对降低,因此总折现成本降低。一个周期内,随着利率的增大,周期末的库存持有成本相对降低,即采用增加安全库存的方法减少缺货损失会变得更有效,因此安全系数、安全库存和提前期均会增加。

3.4 数值算例

已知某库存系统,其平均年总需求 $D=600$ 件/年,每次订货成本 $A=400$ 元,单位货物年库存持有成本费 $h=50$ 元,单位货物缺货损失 $\pi=200$ 元,单位流失顾客造成的利润损失 $\pi_0=300$ 元,缺货时愿意等待的顾客比例 $\beta=0.5$,单位时间内需求标准差 $\sigma=7$ 件/周,提前期和提前期成本满足函数 $R(L)=1000L^{-2}$,L 单位为周。利率 $a=0.1$。表 3-1 和表 3-2 分别为提前期需求为正态分布和分布未知的详细二分法迭代结果。当提前期需求为正态分布或分布未知时,表 3-3 和表 3-4 分别是订货成本 $A=400$ 和 $A=40000$ 时,不同利率下最优库存策略的变化。图 3-1 和图 3-2 分别为提前期需求为正态分布或分布未知时,预先给定的提前期值和最优订货量之间的关系。

表 3-1 **提前期需求为正态分布,求解算法(3C)计算的详细迭代结果**

搜索次数	1	2	3	4	5
中点值 ξ^*	$\frac{1}{2}$	$\frac{1}{4}$	$\frac{1}{8}$	$\frac{1}{16}$	$\frac{1}{32}$
判定函数 $F(\xi)$	3.67×10^6	2.17×10^6	1.73×10^6	1.45×10^6	9.75×10^5
搜索次数	6	7	8	9	10
中点值 ξ^*	$\frac{1}{64}$	$\frac{3}{128}$	$\frac{5}{256}$	$\frac{9}{512}$	$\frac{19}{1024}$
判定函数 $F(\xi)$	-5.35×10^5	5.59×10^5	1.65×10^5	-1.30×10^5	28871.9
搜索次数	11	12	13	最终 ξ 取值范围	
中点值 ξ^*	$\frac{37}{2048}$	$\frac{75}{4096}$	$\frac{151}{8192}$	$[\frac{75}{4096},\frac{151}{8192}]$	
判定函数 $F(\xi)$	47271.8	−8479.1	10372.1	最终 Q 取值范围 [110.88,111.63]	

最终 Q 可以取 110、111 和 112,相应的总折现成本 PVC 为 69299.37 元、69296.38 元和 69297.54 元。所以最优解为 $Q=111$,$L=3.73$ 周,$k=1.95$,PVC $=69296.38$ 元。

最终 Q 可以取 149、150,相应的总折现成本 PVC 为 89501.67 元和 89503.11 元。所以最优解为 $Q=149$,$L=2.39$ 周,$k=2.55$,PVC $=89501.67$ 元。

表 3-2 **提前期需求分布未知，求解算法（3D）计算的详细迭代结果**

搜索次数	1	2	3	4
中点值 ξ^*	$\frac{1}{2}$	$\frac{1}{4}$	$\frac{1}{8}$	$\frac{1}{16}$
判定函数 $F(\xi)$	3.67×10^6	2.16×10^6	1.70×10^6	1.33×10^6
搜索次数	5	6	7	8
中点值 ξ^*	$\frac{1}{32}$	$\frac{1}{64}$	$\frac{3}{128}$	$\frac{7}{256}$
判定函数 $F(\xi)$	5.53×10^5	-1.933×10^6	-1.33×10^5	2.77×10^5
搜索次数	9	10	11	12
中点值 ξ^*	$\frac{13}{512}$	$\frac{25}{1024}$	$\frac{51}{2048}$	$\frac{101}{4096}$
判定函数 $F(\xi)$	93463.1	−13356.7	41486.2	14436.8
搜索次数	13	最终 ξ 取值范围		
中点值 ξ^*	$\frac{201}{8192}$	$\left[\frac{201}{8192},\frac{101}{4096}\right]$		
判定函数 $F(\xi)$	634.8	最终 Q 取值范围［149.05，149.80］		

表 3-3 **不同利率水平的结果，A=400 元**

a	正态分布				未知分布			
	PVC	Q	L	k	PVC	Q	L	k
0.1	69296.3	111.2	3.7	1.94	89501.6	149.02	2.39	2.55
0.4	17584.4	109.8	3.7	1.96	22843.7	146.29	2.41	2.63
0.7	10197.3	108.5	3.8	1.98	13320.9	143.69	2.44	2.71
1	7242.7	107.3	3.8	1.99	9511.8	141.22	2.46	2.78
%	8.6	3.7	3.9	2.5	8.4	5.5	2.8	8.2

表 3-4 **不同利率水平的结果，$A=40000$ 元**

a	PVC 正态分布	PVC 未知分布
0.1	525674.1	528648.03
0.4	152961.9	153980.7
0.7	1.00411.4	101161.1
1	79787.4	80433.3
变化幅度	5.59%	5.57%

本章综合考虑时间在库存管理中的两方面作用，缩短提前期，获得时间竞争上的优势和考虑折现。由理论分析和数值算例可知：

(1)考虑折现，提前期可控，采用连续盘点策略时，当提前期成本函数为分段线性函数或幂函数时，提前期需求为正态分布或分布未知时，都存在唯一的全局最优库存策略使无限长时间的总折现成本最小。本章采用二分法求解最优解，如表 3-1 和表 3-2 所示，二分法可以有效地求解最优解。

(2)如表 3-3 和表 3-4 所示，利率对总折现成本有显著影响，当利率从 0.1 变化到 1 时，正态分布时总折现成本缩小 8.51 倍和 5.59 倍。分布未知时总折现成本缩小 8.41 和 5.57 倍，因此在计算总折现成本时应该考虑折现。而利率对库存策略有一定的影响，当利率增大 10 倍(很显著的变化)，库存策略最大变化为 42.2%。

(3)表 3-3 和表 3-4 显示，如定理 3-7 所示，随着利率的增加，总折现成本减少，最优安全系数、安全库存和提前期均增加。

(4)当一个订货周期越长的时候，利率对最优库存策略的影响也就越大，如表 3-3 中，订货周期为 2 个月左右，此时随着利率的增大最优库存策略的变化最大幅度为 8.2%。而表 3-3 中，订货周期约为 18 个月，此时最优库存策略的变化最大幅度为 42.2%，随着库存策略的显著变化，总折现成本的变化幅度也有了明显的改变。

(5)表 3-3 显示，如定理 3-6 所示，提前期需求分布未知与提前期需求为正态分布相比，订货量会增大，提前期会缩短。从图

3-1 和图 3-2 可以看到，如定理 3-5 所示，提前期需求为正态分布或分布未知时，当提前期缩短时都存在一个值，使订货量最小。在该值的左边随着提前期的缩短，订货量增加，该值的右边随着提前期的缩短订货量减少。

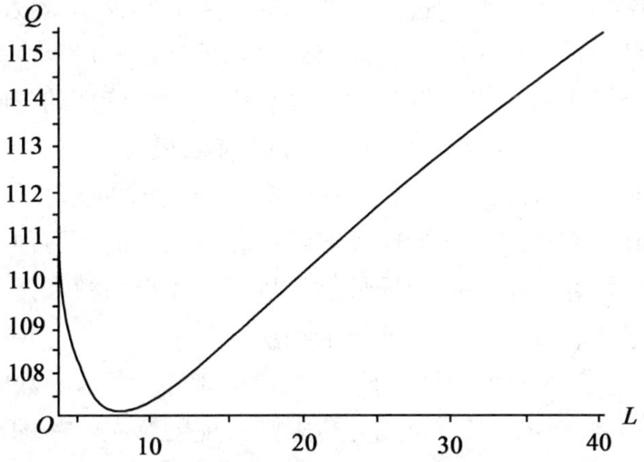

图 3-1　提前期需求为正态分布

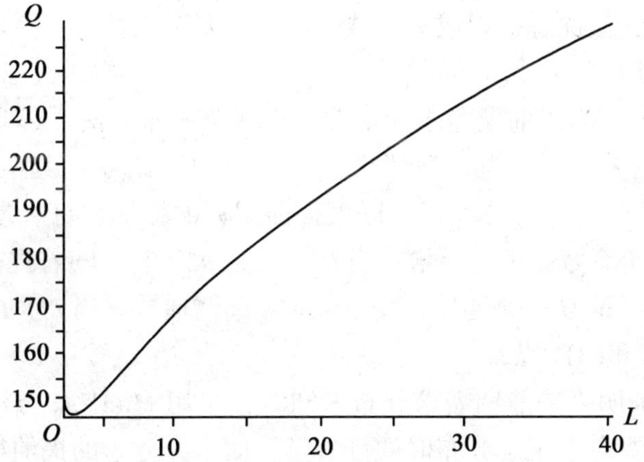

图 3-2　提前期需求分布未知

3.5 小 结

本章研究采用续盘点策略，提前期可控和考虑无限长时间上总折现成本的库存问题。首先重新研究 Yang 的模型，给出了唯一最优解存在性的完整证明。进一步考虑提前期成本为幂函数时，同时决策最优订货量、安全系数和提前期使总折现成本最小，并给出求解算法。分析了可控提前期条件下，利率对库存管理的影响。

(1)考虑折现，提前期可控，当提前期成本为分段线性函数时，重新研究了 Yang 的模型。进一步考虑提前期需求分布未知，运用 MiniMax 方法建立总折现成本函数表达式。证明两种提前期需求分布下，均存在唯一的全局最优订货量、安全系数和提前期使总折现成本最小，并建立了二分法求解算法。

(2)考虑折现和提前期可控，当提前期成本为幂函数时，分别考虑提前期需求为正态分布或分布未知，证明存在唯一的全局最优订货量、安全系数和提前期使总折现成本最小，并建立了二分法求解算法。

(3)证明当提前期需求分布为正态分布或分布未知时，随着利率的增加，最优总折现成本会减少，最优安全系数、安全库存和提前期会增加。

(4)证明当提前期需求为正态分布或分布未知时，缩短提前期 L 时，都存在两个不同的阶段 $[L_0, L_1]$，$[L_1, L_2]$，其中 $L_2 > L_1 > L_0$。当 $L \in [L_1, L_2]$ 时，随着提前期 L 的缩短，订货量 Q 单调递减，安全系数 k 单调递增；当 $L \in [L_0, L_1]$ 时，随着提前期 L 的缩短，订货量 Q 单调递增，安全系数 k 单调递减。当 $L > L_2$ 时，方程组(3C)和(3D)无解。

(5)证明当提前期需求分布未知时，采用 MiniMax 方法时，最优订货量要高于正态分布时的订货量，而未知分布的提前期要小于正态分布时的提前期。

第四章　基于折扣水平的可控提前期库存问题研究

提前期内的市场需求超过订货点时，就会发生缺货。缺货成本的大小对提前期管理有显著的影响，如果没有缺货成本，则不需要考虑提前期，而缺货成本越高，提前期管理的价值就越大。当发生缺货时，一部分顾客对商品有偏好、需求不是很急，愿意等待重新到货，而另一部分不愿意等待的顾客流失了。缺货时，愿意等待重新到货的顾客占缺货时总市场需求量的比例称为押后订单比例。押后订单比例越高，顾客流失比例就越小，相应的缺货损失也越小。押后订单比例影响缺货成本的大小，对库存管理和最优提前期的决策有显著影响。

Morgan[133]指出押后订单比例对库存成本和服务水平都有显著影响。Cheng[134]建立了考虑押后订单比例的 EOQ 模型，不考虑押后订单成本，缺货开始时，订单全部押后，超出一定时间范围后订单全部流失，决策最优订货量使单位时间总成本最小。Chen 和 Zheng[135]研究了随机市场需求时，考虑押后订单比例和顾客流失成本时，如何决策最优订货量使单位时间总成本最小。Rabinowitz、Mehrz 和 Wu[136]研究了市场需求服从泊松分布且允许缺货，缺货量在一定范围内时订单全部押后，而超过时订单全部流失，采用连续盘点策略，求解最优订货量和订货点使单位时间总成本最小。Chen、Wang 和 Arthu[137]研究了押后订单比例、市场需求、库存持有成本和订货成本为模糊数的库存模型，采用“Median”规则，求解最优订货量和最大允许缺货量使单位时间总成本最小。Abad[138]研究了考虑押后订单的易腐产品库存管理问题，押后订单比例和缺货时间为负指数关系，决策最优订货量、批发价格和零售价格使单位时间总成本最小。Babak、Shultes 和 Haji[139]研究了多产品，存在资金和货架空间的约束，考虑押后订单比例的库存问题，决策最优订货量和订货点使单位时间总成本最小。Chu、Patuwo 和 Mehrez[140]发现在化工行业随着缺货时间的增加，押后订单成本也会增加。化工企业常会在缺货开始时，让订单流失，当接近再次补货时间时，让订单押后。由此 Chu 建立了缺货时两阶段决策押后订单比例的库存问题，决策最优订货点、两阶段最大押后订单比例、允许缺货水平使单位时间总成本最小。San、Sicilia 和 Garcia [141]研究得出押后订单比例与缺货时间为负指数关系，采用连续盘点策略的库存问题，决策最优订货量和订货点使单位时间总成本最小。Emmett[142]研究零售商销售季节性产品，押后订单比例和缺货量的大小为分段线性关系。销售开始有一次订货机会，销售季节中有一次补货机会，存在押后订单成本和顾客流失成本，决策最优库存策略使单位时间总成本最小。

当市场中发生缺货的时候，经常可以观察到，一些顾客愿意等待重新到货，而另一些顾客流失了。现实中零售商可以采取很多手段来减少顾客的流失，如记录顾客的信息，等重新到货的时候打电话通知顾客或者送货上门，许诺下次购买给予折扣或赠送小物品，因此零售商通过付出额外的成本可以提高押后订单比例。Pan 和 Hsiao[73]研究了决策最优折扣水平和提前期使单位时间总成本最小的库存模型，然而模型中将安全系数视为预先给定的常数。Pan、Jason 和 Lo[74]进一步将订货点也作为决策变量，并给出了求解算法。Lin[77]进一步考虑了提前期需求分布未知时，决策最优折扣水平和提前期使单位时间总成本最小的库存模型，采用 MiniMax 方法建立单位时间总成本函数表达式，并求解最优的订货量、安全系数、折扣水平和提前期使单位时间总成本最小。

文献[73]、[74]和[77]均假定提前期成本为分段线性函数，本章在上述文献的基础上考虑提前期成本为非线性函数，假定提前期成本函数为幂函数，$R(L)=CL^{-\theta}$，同时决策最优订货量、安全系数、提前期和折扣水平使单位时间总成本最小，并分析折扣水平对库存管理的影响。

4.1 提前期需求为正态分布时的库存模型

零售商向市场销售单一产品，平均年总市场需求为 D 。单位货物年库存持有成本为 h ，系统允许缺货。销售单位货物的利润为 π_0，零售商可以决定缺货时的折扣水平 $\pi_x(\pi_x \leqslant \pi_0)$ ，顾客愿意等待比例 β 和折扣水平 π_x 线性相关，即 $\beta = \beta_0 \dfrac{\pi_x}{\pi_0}$ ，这里 β_0 为零售商不盈利时最大顾客愿意等待比例。提前期 L 时间内的市场需求 $f_X(x)$ 服从均值为 DL 、标准差为 $\sigma\sqrt{L}$ 的正态分布。系统采用连续盘点策略，每当净库存水平降低到 r 时，发出订单，订 Q 单位货物，每次订货成本为 A ，其中 Q、r 为决策变量。订货点(r)= 提前期内期望需求+安全库存(S)，安全库存 $S = k\sigma\sqrt{L}$ ，即 $r = DL + k\sigma\sqrt{L}$ ，其中安全系数 $k \geqslant 0$ 为决策变量。以上假设都和 Pan[74] 的模型一致，但本章假设提前期成本和提前期长度为幂函数关系 $R(L) = CL^{-\theta}$ 。

4.1.1 模型的建立

零售商的成本由订货成本、库存成本、缺货成本和提前期成本组成，一年内各成本计算如下：

(1)年总订货成本为 $\dfrac{D}{Q}A$ 。

(2)库存成本。

记每个周期内总缺货量的期望为 $B(r)$ ，每个周期货物到达前净库存量的期望为 $r - DL + (1-\beta)B(r)$ ，货物到达后净库存量的期望为 $Q + r - DL + (1-\beta)B(r)$ ，所以平均库存水平的期望为 $\dfrac{Q}{2} + r - DL + (1-\beta)B(r)$ 。年总库存成本为 $h\left[\dfrac{Q}{2} + r - DL + (1-\beta)B(r)\right]$。

(3)年总提前期成本为 $\frac{D}{Q}R(L)$ 。

(4)缺货成本。

一个周期内总缺货量的期望为 $B(r) = \int_r^{\infty}(x - r)f_X(x)\mathrm{d}x = \sigma\sqrt{L}\psi(k)$ ，其中 $\psi(k) \equiv \phi(k) - k[1 - \Phi(k)] > 0$，缺货时有 β 比例的顾客愿意等待，每个顾客的押后订单成本为 π_x ，而 $(1 - \beta)$ 比例的顾客流失，每个顾客流失的损失为 π_0，因此一个周期内总缺货成本的期望为 $[\beta\pi_x + (1 - \beta)\pi_0]B(r) = \left[\beta_0\frac{\pi_x^2}{\pi_0} + \pi_0\left(1 - \beta_0\frac{\pi_x}{\pi_0}\right)\right]\sigma\sqrt{L}\psi(k)$ 。零售商的年总成本为：

$$E[C(Q,\ k,\ \pi_x,\ L)] = \text{订货成本} + \text{库存成本} + \text{缺货成本} + \text{提前期成本}$$

$$= \frac{DA}{Q} + h\left[\frac{Q}{2} + k\sigma\sqrt{L} + \left(1 - \beta_0\frac{\pi_x}{\pi_0}\right)\sigma\sqrt{L}\psi(k)\right]$$

$$+ \frac{D\left[\beta_0\frac{\pi_x^2}{\pi_0} + \pi_0\left(1 - \beta_0\frac{\pi_x}{\pi_0}\right)\right]\sigma\sqrt{L}\psi(k)}{Q} + \frac{CD}{Q}L^{-\theta} \qquad (4\text{-}1)$$

最优库存策略即求正整数 Q 和正实数 k，L，$\pi_x \leqslant \pi_0$，使式(4-1)中年总成本 $E[C(Q,\ k,\ \pi_x,\ L)]$ 最小。

4.1.2　模型的求解

命题 4-1　对于给定的 Q，k，π_x，使年总成本 $E[C(Q,\ k,\ \pi_x,\ L)]$ 最小的提前期 L 满足：

$$L^* = \left\{\frac{\sigma Q}{2\theta CD}\left[hk + \left(1 - \beta_0\frac{\pi_x}{\pi_0}\right)h\psi(k) + \frac{D\left[\beta_0\frac{\pi_x^2}{\pi_0} + \pi_0\left(1 - \beta_0\frac{\pi_x}{\pi_0}\right)\right]\psi(k)}{Q}\right]\right\}^{-\frac{2}{2\theta+1}}$$

证明：求式(4-1)对 L 的一阶偏导可得(这里 $\bar{\pi} = \pi + \pi_0(1 - \beta)$)：

$$\frac{\partial E[C(Q,k,\pi_x,L)]}{\partial L}=\frac{1}{2\sqrt{L}}\left\{\sigma hk+\sigma h\left(1-\beta_0\frac{\pi_x}{\pi_0}\right)\psi(k)+\frac{\sigma D\left[\beta_0\frac{\pi_x^2}{\pi_0}+\pi_0\left(1-\beta_0\frac{\pi_x}{\pi_0}\right)\right]\psi(k)}{Q}-\frac{2\theta CD}{Q}L^{-\theta-\frac{1}{2}}\right\} \tag{4-2}$$

令式(4-2)值为零,求解 L 得:

$$L^*=\left\{\frac{\sigma Q}{2\theta CD}\left[hk+\left(1-\beta_0\frac{\pi_x}{\pi_0}\right)h\psi(k)+\frac{D\left[\beta_0\frac{\pi_x^2}{\pi_0}+\pi_0\left(1-\beta_0\frac{\pi_x}{\pi_0}\right)\right]\psi(k)}{Q}\right]\right\}^{-\frac{2}{2\theta+1}} \tag{4-3}$$

$Q,k,\psi(k),1-\beta_0\frac{\pi_x}{\pi_0}$ 均为正数,由式(4-2)可知,当 $0<L<L^*$ 时,$\frac{\partial E[C(Q,k,\pi_x,L)]}{\partial L}<0$,$E[C(Q,k,\pi_x,L)]$ 为 L 的严格递减函数。当 $L>L^*$ 时,$E[C(Q,k,\pi_x,L)]$ 为 L 的严格递增函数,所以对于给定的 Q,k,当 $L=L^*$ 时,$E[C(Q,k,\pi_x,L)]$ 取最小值。证毕。

将 $L=L^*$ 代入式(4-1)得:

$$E[C(Q,k,\pi_x)]=\left[hk+h\left(1-\beta_0\frac{\pi_x}{\pi_0}\right)\psi(k)+\frac{D\left[\beta_0\frac{\pi_x^2}{\pi_0}+\pi_0\left(1-\beta_0\frac{\pi_x}{\pi_0}\right)\right]\psi(k)}{Q}\right]^{\frac{2\theta}{2\theta+1}}\times Q^{-\frac{1}{2\theta+1}}V+\frac{DA}{Q}+\frac{hQ}{2} \tag{4-4}$$

这里 $V=\sigma^{\frac{2\theta}{2\theta+1}}\cdot(CD)^{\frac{1}{2\theta+1}}\cdot\left[(2\theta)^{\frac{1}{2\theta+1}}+(2\theta)^{-\frac{2\theta}{2\theta+1}}\right]>0$。

命题 4-2 给定 Q,k 时,最优的 π_x 值为 $\pi_x=\frac{hQ}{2D}+\frac{\pi_0}{2}$。

证明：令 $n(Q,k,\pi_x) = hk + h\left(1 - \beta_0 \frac{\pi_x}{\pi_0}\right)\psi(k)$

$$+ \frac{D\left[\beta_0 \frac{\pi_x^2}{\pi_0} + \pi_0\left(1 - \beta_0 \frac{\pi_x}{\pi_0}\right)\right]\psi(k)}{Q} \tag{4-5}$$

对比式(4-5)和式(4-4)，给定 Q,k 值时使 $E[C(Q,k,\pi_x)]$ 最小的 π_x，必定也使 $n(Q,k,\pi_x)$ 值最小。求 $n(Q,k,\pi_x)$ 对 π_x 的一阶和二阶偏导得：

$$\frac{\partial n(Q,k,\pi_x)}{\partial \pi_x} = \psi(k)\beta_0\left[-\frac{h}{\pi_0} + \frac{D}{Q}\left(\frac{2\pi_x}{\pi_0} - 1\right)\right] \tag{4-6}$$

$$\frac{\partial^2 n(Q,k,\pi_x)}{\partial \pi_x^2} = \frac{2\beta_0\psi(k)D}{Q\pi_0} > 0 \tag{4-7}$$

即给定 Q,k 时，$n(Q,k,\pi_x)$ 为 π_x 的凸函数，最小值当且仅当式(4-6)值为零时取得，由此得到 $\pi_x = \frac{hQ}{2D} + \frac{\pi_0}{2}$。证毕。

令 $\frac{hQ}{2D} = \frac{x}{2}\pi_0$，其中 $0 \leqslant x \leqslant 1$，则由命题 4-2 得：

$$\pi_x = \frac{1+x}{2}\pi_0 \tag{4-8}$$

$$Q = \frac{D\pi_0 x}{h} \tag{4-9}$$

将式(4-8)、式(4-9)代入式(4-4)得：

$$E[C(x,k)] = W\left\{k + \left[1 - \frac{x\beta_0}{4} - \frac{\beta_0}{2} + \frac{1 - \frac{\beta_0}{4}}{x}\right]\psi(k)\right\}^{\frac{2\theta}{2\theta+1}} \times x^{-\frac{1}{2\theta+1}} + \frac{hA}{\pi_0 x} + \frac{D\pi_0 x}{2} \tag{4-10}$$

其中：$W = h\pi_0^{-\frac{1}{2\theta+1}}\sigma^{\frac{2\theta}{2\theta+1}}C^{\frac{1}{2\theta+1}} \cdot \left[(2\theta)^{\frac{1}{2\theta+1}} + (2\theta)^{-\frac{2\theta}{2\theta+1}}\right] > 0$

分别求式(4-10)对 x 和 k 的一阶偏导，得到由式(4-11)和式(4-12)组成方程组(4A)。

$$
\begin{cases}
\dfrac{\partial E[C(x,k)]}{\partial x} = 0 = -\dfrac{W}{2\theta+1}\left\{k + \left[1 - \dfrac{x\beta_0}{4} - \dfrac{\beta_0}{2} + \dfrac{1-\dfrac{\beta_0}{4}}{x}\right]\psi(k)\right\}^{\frac{2\theta}{2\theta+1}} \\
\cdot x^{-\frac{2\theta+2}{2\theta+1}} - \dfrac{2\theta W}{2\theta+1}\left\{k + \left[1 - \dfrac{x\beta_0}{4} - \dfrac{\beta_0}{2} + \dfrac{1-\dfrac{\beta_0}{4}}{x}\right]\psi(k)\right\}^{-\frac{1}{2\theta+1}} \\
\cdot x^{-\frac{1}{2\theta+1}} \cdot \left[\dfrac{\beta_0}{4} + \dfrac{1-\dfrac{\beta_0}{4}}{x^2}\right]\psi(k) - \dfrac{hA}{\pi_0 x^2} + \dfrac{D\pi_0}{2} \qquad (4\text{-}11) \\
\dfrac{\partial E[C(x,k)]}{\partial k} = 0 = \dfrac{2\theta \cdot W}{2\theta+1} \cdot \left\{k + \left[1 - \dfrac{x\beta_0}{4} - \dfrac{\beta_0}{2} + \dfrac{1-\dfrac{\beta_0}{4}}{x}\right]\psi(k)\right\}^{-\frac{1}{2\theta+1}} \\
\cdot x^{-\frac{1}{2\theta+1}} \cdot \left\{1 + \left[1 - \dfrac{x\beta_0}{4} - \dfrac{\beta_0}{2} + \dfrac{1-\dfrac{\beta_0}{4}}{x}\right]\psi'(k)\right\} \qquad (4\text{-}12)
\end{cases}
$$

由方程(4-12)可以解得:

$$
\Phi(k) = 1 - \frac{1}{1 - \dfrac{x\beta_0}{4} - \dfrac{\beta_0}{2} + \dfrac{1-\dfrac{\beta_0}{4}}{x}} \qquad (4\text{-}13)
$$

命题 4-3 如果方程组(4A)存在唯一解,则这个解自动满足 $0 \leqslant x < 1$。

证明: $k \geqslant 0 \Rightarrow \Phi(k) \in \left[\frac{1}{2}, 1\right)$,由式(4-13)得:

$$
2 \leqslant 1 - \frac{\beta_0}{2} - \frac{x\beta_0}{4} + \frac{1-\dfrac{\beta_0}{4}}{x} < \infty \qquad (4\text{-}14)
$$

又 $0 \leqslant \beta_0 \leqslant 1$,由于 $-\dfrac{x\beta_0}{4} + \dfrac{1-\dfrac{\beta_0}{4}}{x}$ 为单调递减函数,由式(4-14)得:

$$
x \leqslant 2\sqrt{3} - 3 = 0.464 \qquad (4\text{-}15)
$$

证毕。

对于任意给定的正实数 $x \in (0,2\sqrt{3}-3]$，可以采用如下方法判断 x 是否为方程组(4A)的解。

(1)定义一个函数 $F(x)$，函数 $F(x)$ 的值可由步骤(2)、(3)和(4)得到。

(2)由式(4-13)算得 $\Phi(k)$ 值，查正态分布表可以得到唯一 k 值。

(3)将 x 和 k 的值代入式(4-11)，算得 $F(x)=\dfrac{\partial E[C(x,k)]}{\partial Q}$ 的值。

(4)当且仅当 $F(x)=0$ 时，(x,k) 为方程组(4A)的解。

对于任意两个正实数 x_1 和 x_2，不妨设 $0<x_2<x_1\leqslant 2\sqrt{3}-3$。且在区间 $k\in[0,\infty)$ 上，存在相应的 k_1 和 k_2 满足式(4-13)。由 $x_1>x_2$ 可得 $0\leqslant k_1<k_2$。

命题 4-4 令 $f(x,k)=k+\left[1-\dfrac{x\beta_0}{4}-\dfrac{\beta_0}{2}+\dfrac{1-\frac{\beta_0}{4}}{x}\right]\psi(k)$，则有 $f(x_1,k_1)<f(x_2,k_2)$，$x_1f(x_1,k_1)>x_2f(x_2,k_2)$。

证明：对 $f(x,k)$ 求 k 的一阶和二阶偏导得：

$$\frac{\partial f(x,k)}{\partial k}=1+\left[1-\frac{x\beta_0}{4}-\frac{\beta_0}{2}+\frac{1-\frac{\beta_0}{4}}{x}\right]\cdot\psi'(k) \tag{4-16}$$

$$\frac{\partial^2 f(x,k)}{\partial k^2}=\left[1-\frac{x\beta_0}{4}-\frac{\beta_0}{2}+\frac{1-\frac{\beta_0}{4}}{x}\right]\cdot\phi(k) \tag{4-17}$$

由于 $x\in(0,2\sqrt{3}-3]$ 和 $\beta_0\in[0,1]$，所以由式(4-17)得 $\dfrac{\partial^2 f(x,k)}{\partial k^2}>0$。给定 x_1 时，$f(x_1,k)$ 为 k 的凸函数，其最小值当式(4-16)值为零时，由式(4-16)和式(4-13)知，k_1 使 $f(x_1,k)$ 取最小值，所以有 $f(x_1,k_1)<f(x_1,k_2)$。同理有 $f(x_2,k_2)<f(x_2,k_1)$。

$$\begin{aligned}f(x_2,k_2)&=f(x_1,k_2)+\left[\frac{(x_1-x_2)\beta_0}{4}+\left(\frac{1}{x_2}-\frac{1}{x_1}\right)\left(1-\frac{\beta_0}{4}\right)\right]\psi(k_2)\\&>f(x_1,k_2)>f(x_1,k_1)\end{aligned} \tag{4-18}$$

$$x_1 f(x_1, k_1) = x_1 \left\{ f(x_2, k_1)\frac{x_2}{x_1} + \left(1 - \frac{x_2}{x_1}\right)k + \left[\left(1 - \frac{\beta_0}{2}\right)\left(1 - \frac{x_2}{x_1}\right) + \left(\frac{x_2^2\beta_0}{4x_1} - \frac{x_1\beta_0}{4}\right)\right]\psi(k_1) \right\} \tag{4-19}$$

因为$\beta_0 \in [0,1]$，x_1 和 x_2 在区间$[0,1)$上,所以:

$$\left(1 - \frac{\beta_0}{2}\right)\left(1 - \frac{x_2}{x_1}\right) + \left(\frac{x_2^2\beta_0}{4x_1} - \frac{x_1\beta_0}{4}\right)$$

$$> \frac{\beta_0}{2}\left(1 - \frac{x_2}{x_1}\right) + \left(\frac{x_2^2\beta_0}{4x_1} - \frac{x_1\beta_0}{4}\right) \tag{4-20}$$

$$= \frac{\beta_0}{2x_1}(x_1 - x_2)\left[1 - \frac{1}{2}(x_1 + x_2)\right] > 0$$

由式(4-19)、式(4-20)和$f(x_2, k_1) > f(x_2, k_2)$得$x_1 f(x_1, k_1) > x_2 f(x_2, k_2)$。

证毕。

命题 4-5 令 $m(x,k) = \left[\frac{\beta_0}{4} + \frac{1 - \frac{\beta_0}{4}}{x^2}\right]\psi(k)$，则 $m(x_1, k_1) < m(x_2, k_2)$。

证明:由式(4-13)解得:

$$x = \frac{-2\left[\frac{1}{1 - \Phi(k)} - \left(1 - \frac{\beta_0}{2}\right)\right]}{\beta_0} + \frac{2\sqrt{\left[\frac{1}{1 - \Phi(k)} - \left(1 - \frac{\beta_0}{2}\right)\right]^2 + \beta_0\left(1 - \frac{\beta_0}{4}\right)}}{\beta_0} \tag{4-21}$$

将式(4-21)代入 $m(x,k)$ 得:

$$m(x,k) = \left\{ \sqrt{\left[\frac{1}{1 - \Phi(k)} - \left(1 - \frac{\beta_0}{2}\right)\right]^4 + \beta_0\left(1 - \frac{\beta_0}{4}\right)} \cdot \sqrt{\left[\frac{1}{1 - \Phi(k)} - \left(1 - \frac{\beta_0}{2}\right)\right]^2}\right.$$

$$+\left[\frac{1}{1-\Phi(k)}-\left(1-\frac{\beta_0}{2}\right)\right]^2$$

$$+\beta_0\left(1-\frac{\beta_0}{4}\right)\Bigg\}\cdot\frac{\psi(k)}{2\left(1-\frac{\beta_0}{4}\right)} \tag{4-22}$$

令函数 $f_1(k)=\psi(k)\cdot\left\{\left[\frac{1}{1-\Phi(k)}-\left(1-\frac{\beta_0}{2}\right)\right]^2+\beta_0\left(1-\frac{\beta_0}{4}\right)\right\}$，对 $f_1(k)$ 求 k 的一阶偏导，由 $k\geqslant 0$ 和 $2\psi(k)\phi(k)>[1-\Phi(k)]^2$ 得：

$$f_1'(k)=\left[\frac{1}{1-\Phi(k)}-\left(1-\frac{\beta_0}{2}\right)\right]\Bigg\{\frac{2\psi(k)\phi(k)}{[1-\Phi(k)]^2}$$

$$-\left[1-\left(1-\frac{\beta_0}{2}\right)(1-\Phi(k)\right]\Bigg\}-\beta_0\left(1-\frac{\beta_0}{4}\right)[1-\Phi(k)]$$

$$>\left[2-\left(1-\frac{\beta_0}{2}\right)\right]\left\{1-\left[1-\left(1-\frac{\beta_0}{2}\right)(1-\Phi(k)\right]\right\}$$

$$-\beta_0\left(1-\frac{\beta_0}{4}\right)[1-\Phi(k)]=(1-\beta_0)[1-\Phi(k)]\geqslant 0 \tag{4-23}$$

即 $f'_1(k)>0$，$f_1(k)$ 是单调递增函数。令 $f_2(k)=f_1(k)-\psi(k)\beta_0\left(1-\frac{\beta_0}{4}\right)$，由于 $f_1(k)$ 是单调递增函数，$\psi(k)$ 是单调递减函数，所以 $f_2(k)$ 也是单调递增函数。又式(4-22)中：

$$m(x,k)=\frac{1}{2\left(1-\frac{\beta_0}{4}\right)}\cdot\left[f_1(k)+\sqrt{f_1(k)f_2(k)}\right] \tag{4-24}$$

当 $k\geqslant 0$ 时，$f_1(k)>0$ 和 $f_2(k)>0$，且都是单调递增函数，因此式(4-22)是 k 的单调递增函数。由 $k_1<k_2$，得 $m(x_1,k_1)<m(x_2,k_2)$。证毕。

命题 4-6　函数 $F(x)$ 为单调递增函数。

证明：由 $x_1>x_2$，式(4-18)得：

$$f(x_1,k_1)^{\frac{2\theta}{2\theta+1}}\cdot x_1^{-\frac{2\theta+2}{2\theta+1}}<f(x_2,k_2)^{\frac{2\theta}{2\theta+1}}\cdot x_2^{-\frac{2\theta+2}{2\theta+1}} \tag{4-25}$$

由式(4-19)和命题4-5得：

$$[f(x_1,k_1)x_1]^{-\frac{1}{2\theta+1}} \cdot \left[\frac{\beta_0}{4}+\frac{1-\frac{\beta_0}{4}}{x_1^2}\right]\psi(k_1)$$

$$< [f(x_2,k_2)x_2]^{-\frac{1}{2\theta+1}} \cdot \left[\frac{\beta_0}{4}+\frac{1-\frac{\beta_0}{4}}{x_2^2}\right]\psi(k_2) \qquad (4\text{-}26)$$

由 $x_1 > x_2$，由式(4-25)、式(4-26)可得 $F(x_1) > F(x_2)$，即判定函数 $F(x)$ 为单调递增函数。证毕。

由命题4-6可知，当方程组(4A)有唯一解时，$E[C(x,k)]$（式(4-10)）有唯一的驻点。现在证明这个驻点为 $E[C(x,k)]$ 的全局最小值。

命题4-7 若 $E[C(x,k)]$（式(4-10)）存在唯一的驻点 (Q_0, k_0)，则 (Q_0,k_0) 为全局最小值。

证明：令函数 $S(x,k) = x^{-\lambda} \cdot Z(x,k)^{1-\lambda}$，其中 $Z(x,k) = k + \left[1-\frac{x\beta_0}{4}-\frac{\beta_0}{2}+\frac{1-\frac{\beta_0}{4}}{x}\right]\psi(k)$，$\lambda = \frac{1}{2\theta+1}$。则 $E[C(x,k)] = W \cdot S(x,k) + \frac{hA}{\pi_0 x}+\frac{D\pi_0 x}{2}$，又求得 $\frac{hA}{\pi_0 x}+\frac{D\pi_0 x}{2}$ 对 x 的二阶导数大于零。因此证明 $E[C(x,k)]$（式(4-10)）在驻点 (Q_0,k_0) 的 Hessian 矩阵正定，只需证明 $S(x,k)$ 在 (x_0,k_0) 的 Hessian 矩阵正定。求 $S(x,k)$ 对 x 和 k 的偏导得：

$$\frac{\partial^2 S(x,k)}{\partial x^2} = x^{-\lambda}Z(x,k)^{1-\lambda} \cdot \left[\frac{\lambda^2}{x^2}+\frac{\lambda}{x^2}-\frac{\lambda(1-\lambda)}{Z(x,k)} \cdot \frac{\partial Z(x,k)}{\partial x} \times \left(\frac{2}{x}+\frac{1}{Z(x,k)} \cdot \frac{\partial Z(x,k)}{\partial x}\right) + \frac{(1-\lambda)}{Z(x,k)} \cdot \frac{\partial^2 Z(x,k)}{\partial x^2}\right] \qquad (4\text{-}27)$$

$$\frac{\partial^2 S(x,k)}{\partial k^2} = x^{-\lambda}Z(x,k)^{1-\lambda} \cdot \left[-\frac{\lambda(1-\lambda)}{Z(x,k)^2} \cdot \left(\frac{\partial Z(x,k)}{\partial k}\right)^2 + \frac{1-\lambda}{Z(x,k)} \cdot \frac{\partial^2 Z(x,k)}{\partial k^2}\right] \qquad (4\text{-}28)$$

$$\frac{\partial^2 S(x,k)}{\partial x \partial k} = x^{-\lambda} Z(x,k)^{1-\lambda} \cdot \left[-\frac{\lambda(1-\lambda)}{x \cdot Z(x,k)} \cdot \frac{\partial Z(x,k)}{\partial k} - \frac{\lambda(1-\lambda)}{Z(x,k)^2} \cdot \frac{\partial Z(x,k)}{\partial k} \times \frac{\partial Z(x,k)}{\partial x} + \frac{(1-\lambda)}{Z(x,k)} \cdot \frac{\partial^2 Z(x,k)}{\partial x \partial k} \right] \tag{4-29}$$

由式(4-13)得：

$$\frac{\partial Z(x_0,k_0)}{\partial k} = 0 \tag{4-30}$$

所以在 (Q_0,k_0) 点：

$$\frac{\partial^2 S(x_0,k_0)}{\partial k^2} = (1-\lambda) x_0^{-\lambda} \cdot Z(x_0,k_0)^{-\lambda} \cdot \frac{\partial^2 Z(x_0,k_0)}{\partial k^2} \tag{4-31}$$

$$\frac{\partial^2 S(x_0,k_0)}{\partial x \partial k} = (1-\lambda) x_0^{-\lambda} \cdot Z(x_0,k_0)^{-\lambda} \cdot \frac{\partial^2 Z(x_0,k_0)}{\partial x \partial k} \tag{4-32}$$

现在证明 $\frac{2}{x_0} + \frac{1}{Z(x_0,k_0)} \cdot \frac{\partial Z(x_0,k_0)}{\partial x} > 0$。

$$\frac{\partial Z(x_0,k_0)}{\partial x} = -\left[\frac{\beta_0}{4} + \frac{1-\frac{\beta_0}{4}}{x_0^2} \right] \psi(k_0) < 0 \tag{4-33}$$

当 $0 < x < 1$ 和 $0 \leqslant \beta \leqslant 1$ 时，$2\left[1 - \frac{x_0\beta_0}{4} - \frac{\beta_0}{2} + \frac{1-\frac{\beta_0}{4}}{x_0} \right] > x_0 \cdot \left[\frac{\beta_0}{4} + \frac{1-\frac{\beta_0}{4}}{x_0^2} \right]$，所以：

$$\frac{2}{x_0} + \frac{1}{Z(x_0,k_0)} \cdot \frac{\partial Z(x_0,k_0)}{\partial x} = -\frac{1}{k_0 + \left[1 - \frac{x_0\beta_0}{4} - \frac{\beta_0}{2} + \frac{1}{x_0} 1 - \frac{\beta_0}{4} \right] \psi(k_0)} \times \left[\frac{\beta_0}{4} + \frac{1}{x_0^2} 1 - \frac{\beta_0}{4} \right] \psi(k_0) > 0 + \frac{2}{x_0} \tag{4-34}$$

由式(4-34)和式(4-27)得：

$$\frac{\partial^2 S(x_0,k_0)}{\partial x^2} > (1-\lambda)x_0^{-\lambda} Z(x_0,k_0)^{-\lambda}\frac{\partial^2 Z(x_0,k_0)}{\partial x^2} > 0 \tag{4-35}$$

由式(4-31)、式(4-32)、式(4-35)，$x\in[0,2\sqrt{3}-3]$ 和 $\beta_0\in[0,1]$ 得：

$$\frac{\partial^2 S(x_0,k_0)}{\partial k^2}\cdot\frac{\partial^2 S(x_0,k_0)}{\partial x\partial k} - \left[\frac{\partial^2 Z(x_0,k_0)}{\partial x\partial k}\right]^2 >$$

$$(1-\lambda)^2 x_0^{-2\lambda} Z(x_0,k_0)^{-2\lambda}\left[\frac{\partial^2 Z(x_0,k_0)}{\partial x^2}\cdot\frac{\partial^2 Z(x_0,k_0)}{\partial k^2} - \frac{\partial^2 Z(x_0,k_0)}{\partial x\partial k}\right] \tag{4-36}$$

又令 $f_3(x,k)=\frac{\partial^2 Z(x,k)}{\partial x^2}\cdot\frac{\partial^2 Z(x,k)}{\partial k^2}-\frac{\partial^2 Z(x,k)}{\partial x\partial k}$，则：

$$f_3(x,k)=\frac{21-\frac{\beta_0}{4}}{x^3}\left[1-\frac{x\beta_0}{4}-\frac{\beta_0}{2}+\frac{1-\frac{\beta_0}{4}}{x}\right]\psi(k)\psi''(k)$$

$$-\left[\frac{\beta_0}{4}+\frac{1-\frac{\beta_0}{4}}{x^2}\right]^2[\psi'(k)]^2$$

$$>\frac{1}{x^3}\left(1-\frac{\beta_0}{4}\right)\left[1-\frac{x\beta_0}{4}-\frac{\beta_0}{2}+\frac{1-\frac{\beta_0}{4}}{x}\right]-\left[\frac{\beta_0}{4}+\frac{1-\frac{\beta_0}{4}}{x^2}\right]^2$$

$$=\frac{1}{16x^3}\cdot f_4(x) \tag{4-37}$$

其中 $f_4(x)=16-12\beta_0 x-12\beta_0+3\beta_0^2 x+2\beta_0^2-\beta_0^2 x^3$，由 $x\in(0,2\sqrt{3}-3]$ 和 $\beta_0\in[0,1]$ 得：

$$f_4(x)\geqslant 16-17.57\beta_0+3.29\beta_0^2>0 \tag{4-38}$$

因此式(4-36)值大于零，由式(4-35)和式(4-36)得 $S(x,k)$ 在 (x_0,k_0) 的 Hessian 矩阵正定，即 $E[C(x,k)]$ 在点 (x_0,k_0) 的 Hessian 矩阵正定，(x_0,k_0) 为唯一的极小值点，也为全局最小值点。证毕。

定理 4-1　存在唯一的全局最优库存策略，订货量 Q 、安全系数 k 、折扣水平 π_x 和提前期 L ，使连续盘点时的年总成本 $E[C(Q,k,\pi_x,L)]$（见式(4-1)）最小。

证明：由命题 4-6，判定函数 $F(x)$ 为单调递增函数，方程组(4A)最多只有一组正实数解 (x,k) ，即 $E[C(x,k)]$（式(4-10)）最多只有一个驻点。当唯一驻点存在时，由命题 4-7 的证明可知，该驻点为全局最小值点。(x,k) 和式(4-3)、式(4-8)和式(4-9)计算得 Q、π_x、L 和 k 即为最优库存策略。若驻点不存在，$\lim\limits_{x\to 1}E[C(x,k)]=\infty$ ，$\lim\limits_{x\to 0}E[C(x,k)]=\infty$ ，$\lim\limits_{k\to\infty}E[C(x,k)]=\infty$ ，最优库存策略满足 $k=0$，由式(4-11)求解 x 值，并由式(4-3)、式(4-8)和式(4-9)计算 Q、π_x、L 和 k 即为最优库存策略。证毕。

求解算法(4A)：

由前面的分析和定理 4-1，求解最优库存策略的算法如下：

步骤 1　首先令 $x_0=0$ 和 $x_1=2\sqrt{3}-3$。若 $F(x_1)<0$，则方程组(4A)无解。令 $k=0$，然后由式(4-11)求解 x 值，并由式(4-3)、式(4-8)和式(4-9)计算得 Q、π_x、L 和 k 即为最优库存策略。若 $F(x_1)\geqslant 0$，则转到步骤(2)。

步骤 2　令 $x^*=\dfrac{x_0+x_1}{2}$ ，计算判定函数 $F(x^*)$ ，如果 $F(x^*)\leqslant 0$ 则令 $x_0=x^*$ ，否则令 $x_1=x^*$ 。重复步骤(2)，直到 $x_1-x_0<\varepsilon$ ，其中 ε 为预先指定的精度。

步骤 3　分别令 Q^+ 为大于 $\dfrac{D\pi_0x^*}{h}$ 的最小整数，Q^- 为小于 $\dfrac{D\pi_0x^*}{h}$ 的最大整数，并由式(4-3)、式(4-8)、式(4-9)和式(4-13)求出 Q、k、π_x、L 值，将两次结果分别代入式(4-1)，最小的一组即为最优库存策略。

4.2 提前期需求分布未知时的库存模型

本节研究提前期需求分布未知时,考虑折扣水平和可控提前期的库存问题。其假设和4.1节相同,但提前期需求分布未知。当提前期需求分布未知时,一个周期内总缺货量的最大期望为 $\sigma\sqrt{L}G(k)$,类似于4.1节的推导,年总成本为:

$$E_U[C(Q,k,\pi_x,L)] = \frac{DA}{Q} + h\left[\frac{Q}{2} + k\sigma\sqrt{L} + \left(1-\beta_0\frac{\pi_x}{\pi_0}\right)\sigma\sqrt{L}G(k)\right] + \frac{D\left[\beta_0\frac{\pi_x^2}{\pi_0} + \pi_0\left(1-\beta_0\frac{\pi_x}{\pi_0}\right)\right]\sigma\sqrt{L}G(k)}{Q} + \frac{CD}{Q}L^{-\theta} \tag{4-39}$$

类似于命题4-1的证明,得到命题4-8。

命题4-8 给定的 Q、k、π_x ,使年总成本 $E_U[C(Q,k,\pi_x,L)]$ 最小的提前期 L 满足:

$$L^* = \left\{\frac{\sigma Q}{2\theta CD}\left[hk + \left(1-\beta_0\frac{\pi_x}{\pi_0}\right)hG(k) + \frac{D\left[\beta_0\frac{\pi_x^2}{\pi_0} + \pi_0\left(1-\beta_0\frac{\pi_x}{\pi_0}\right)\right]G(k)}{Q}\right]\right\}^{-\frac{2}{2\theta+1}} \tag{4-40}$$

将 $L=L^*$ 代入式(4-39)得:

$$E_U[C(Q,k,\pi_x)] = \frac{DA}{Q} + \frac{hQ}{2} + \left[hk + h\left(1-\beta_0\frac{\pi_x}{\pi_0}\right)G(k) + \frac{D\left[\beta_0\frac{\pi_x^2}{\pi_0} + \pi_0\left(1-\beta_0\frac{\pi_x}{\pi_0}\right)\right]G(k)}{Q}\right]^{\frac{2\theta}{2\theta+1}} \times Q^{-\frac{1}{2\theta+1}} \tag{4-41}$$

这里 $V = \sigma^{\frac{2\theta}{2\theta+1}}\cdot(CD)^{\frac{1}{2\theta+1}}\cdot\left[(2\theta)^{\frac{1}{2\theta+1}} + (2\theta)^{-\frac{2\theta}{2\theta+1}}\right] > 0$。

命题 4-9 给定 Q 和 k 时,最优的 π_x 值为 $\pi_x = \frac{hQ}{2D} + \frac{\pi_0}{2}$。

证明:令 $n_U(Q,k,\pi_x) = hk + h\left(1 - \beta_0 \frac{\pi_x}{\pi_0}\right)G(k) + \frac{D\left[\beta_0 \frac{\pi_x^2}{\pi_0} + \pi_0\left(1 - \beta_0 \frac{\pi_x}{\pi_0}\right)\right]G(k)}{Q}$,对比式(4-39)和 $n_U(Q,k,\pi_x)$,给定 Q、k 值时使 $E_U[C(Q,k,\pi_x)]$ 最小的 π_x,必定也使 $n_U(Q,k,\pi_x)$ 值最小。对 $n(Q,k,\pi_x)$ 求 π_x 的一阶和二阶偏导得:

$$\frac{\partial n_U(Q,k,\pi_x)}{\partial \pi_x} = G(k)\beta_0\left[-\frac{h}{\pi_0} + \frac{D}{Q}\left(\frac{2\pi_x}{\pi_0} - 1\right)\right] \tag{4-42}$$

$$\frac{\partial^2 n_U(Q,k,\pi_x)}{\partial \pi_x^2} = \frac{2\beta_0 G(k)D}{Q\pi_0} > 0 \tag{4-43}$$

即给定 Q、k 时,$n_U(Q,k,\pi_x)$ 为 π_x 的凸函数最小值,当且仅当式(4-42)值为零时取得,由此得到 $\pi_x = \frac{hQ}{2D} + \frac{\pi_0}{2}$。证毕。

令 $\frac{hQ}{2D} = \frac{x}{2}\pi_0$,其中 $0 \leqslant x \leqslant 1$,则由命题 4-9 得:

$$\pi_x = \frac{1+x}{2}\pi_0 \tag{4-44}$$

$$Q = \frac{D\pi_0 x}{h} \tag{4-45}$$

将式(4-44)、式(4-45)代入式(4-39)得:

$$E_U[C(x,k)] = W\left\{k + \left[1 - \frac{x\beta_0}{4} - \frac{\beta_0}{2} + \frac{1}{x}\left(1 - \frac{\beta_0}{4}\right)\right]G(k)\right\}^{\frac{2\theta}{2\theta+1}} \cdot x^{-\frac{1}{2\theta+1}} + \frac{hA}{\pi_0 x} + \frac{D\pi_0 x}{2} \tag{4-46}$$

其中:$W = h\pi_0^{-\frac{1}{2\theta+1}}\sigma^{\frac{2\theta}{2\theta+1}}C^{\frac{1}{2\theta+1}} \cdot \left[(2\theta)^{\frac{1}{2\theta+1}} + (2\theta)^{-\frac{2\theta}{2\theta+1}}\right] > 0$。

对式(4-46)分别求 x 和 k 的一阶偏导得到方程组(4B)。

$$
\begin{cases}
\dfrac{\partial E_U[C(x,k)]}{\partial x} = 0 = -\dfrac{W}{2\theta+1}\left\{k + \left[1-\dfrac{x\beta_0}{4}-\dfrac{\beta_0}{2}+\dfrac{1-\beta_0}{4}\right]\right. \\
\left. G(k)\right\}^{\frac{2\theta}{2\theta+1}} \cdot x^{-\frac{2\theta+2}{2\theta+1}} - \dfrac{2\theta W}{2\theta+1}\left\{k + \left[1-\dfrac{x\beta_0}{4}-\dfrac{\beta_0}{2}+\dfrac{1-\beta_0}{4}\right]\right. \\
\left. G(k)\right\}^{-\frac{1}{2\theta+1}} \cdot x^{-\frac{1}{2\theta+1}} \cdot \left[\dfrac{\beta_0}{4}+\dfrac{1-\dfrac{\beta_0}{4}}{x^2}\right]G(k) - \dfrac{hA}{\pi_0 x^2}+\dfrac{D\pi_0}{2} \\
\qquad\qquad\qquad\qquad\qquad\qquad\qquad\qquad\qquad\qquad (4\text{-}47) \\
\dfrac{\partial E_U[C(x,k)]}{\partial k} = 0 = \dfrac{2\theta \cdot W}{2\theta+1}\cdot\left\{k + \left[1-\dfrac{x\beta_0}{4}-\dfrac{\beta_0}{2}+\dfrac{1-\beta_0}{4}\right]\right. \\
\left. G(k)\right\}^{-\frac{1}{2\theta+1}} \cdot x^{-\frac{1}{2\theta+1}} \cdot \left\{1+\left[1-\dfrac{x\beta_0}{4}-\dfrac{\beta_0}{2}+\dfrac{1-\dfrac{\beta_0}{4}}{x}\right]G'(k)\right\}
\end{cases}
$$

(4-48)

由方程(4-48)可以解得：

$$
\frac{1}{2}\left(\frac{k}{\sqrt{k^2+1}}-1\right) = -\frac{1}{\left(1-\dfrac{x\beta_0}{4}-\dfrac{\beta_0}{2}\right)+\dfrac{1-\dfrac{\beta_0}{4}}{x}} \tag{4-49}
$$

命题 4-10 如果方程组(4A)存在唯一解，则这个解自动满足 $0 \leqslant x < 1$。

证明：$k \geqslant 0 \Rightarrow \dfrac{1}{2}\left(\dfrac{k}{\sqrt{k^2+1}}-1\right) \in \left[-\dfrac{1}{2},0\right)$，由式(4-47)得：

$$
2 \leqslant \left(1-\frac{\beta_0}{2}\right)-\frac{x\beta_0}{4}+\frac{1-\dfrac{\beta_0}{4}}{x} < \infty \tag{4-50}
$$

又 $0 \leqslant \beta_0 \leqslant 1$，由式(4-50)得：

$$
x \leqslant 2\sqrt{3}-3 = 0.464 \tag{4-51}
$$

证毕。

对于任意给定的正实数 $x \in (0, 2\sqrt{3}-3]$，可以采用如下方法判断 x 是否为方程组(4B)的解。

(1)定义一个函数 $F_U(x)$，函数 $F_U(x)$ 的值可由步骤(2)、(3)

和(4)得到。

(2)将 x 代入式(4-49),求得唯一的 k 值。

(3)则将 x 和 k 的值代入式(4-47),算得 $F_U(x)=\dfrac{\partial E_U[C(x,k)]}{\partial Q}$ 的值。

(4)当且仅当 $F_U(x)=0$ 时,(x,k) 为方程组(4B)的解。

对于任意两个正实数 x_1 和 x_2,不妨设 $0<x_2<x_1\leqslant 2\sqrt{3}-3$。且在区间 $k\in[0,\infty)$ 上,存在相应的 k_1 和 k_2 满足式(4-49)。由 $x_1>x_2$ 可得 $0\leqslant k_1<k_2$。

命题 4-11　令 $f_U(x,k)=k+\left[1-\dfrac{x\beta_0}{4}-\dfrac{\beta_0}{2}+\dfrac{1-\dfrac{\beta_0}{4}}{x}\right]\cdot G(k)$,则 $f_U(x_1,k_1)<f_U(x_2,k_2)$,$x_1f_U(x_1,k_1)>x_2f_U(x_2,k_2)$。

证明:对 $f_U(x,k)$ 求 k 的一阶和二阶偏导得:

$$\frac{\partial f_U(x,k)}{\partial k}=1+\left[1-\frac{x\beta_0}{4}-\frac{\beta_0}{2}+\frac{1-\frac{\beta_0}{4}}{x}\right]\cdot\frac{1}{2}\left(\frac{k}{\sqrt{k^2+1}}-1\right) \tag{4-52}$$

$$\frac{\partial^2 f_U(x,k)}{\partial k^2}=\frac{1}{2}\left[1-\frac{x\beta_0}{4}-\frac{\beta_0}{2}+\frac{1-\frac{\beta_0}{4}}{x}\right]\cdot(k^2+1)^{-\frac{3}{2}} \tag{4-53}$$

由于 $x\in[0,2\sqrt{3}-3)$,所以由式(4-53)得 $\dfrac{\partial^2 f_U(x,k)}{\partial k^2}>0$,给定 x_1 时,$f_U(x_1,k)$ 为 k 的凸函数,由式(4-52)和式(4-49)可知,k_1 使 $f(x_1,k)$ 取最小值,所以有 $f_U(x_1,k_1)<f_U(x_1,k_2)$。同理有 $f_U(x_2,k_2)<f_U(x_2,k_1)$。

$$f_U(x_2,k_2)=f_U(x_1,k_2)+\left[\frac{(x_1-x_2)\beta_0}{4}+\left(\frac{1}{x_2}-\frac{1}{x_1}\right)\left(1-\frac{\beta_0}{4}\right)\right]$$

$$G(k)>f_U(x_1,k_2)>f_U(x_1,k_1) \tag{4-54}$$

$$x_1f_U(x_1,k_1)=x_1\left\{f_U(x_2,k_1)\frac{x_2}{x_1}+\left(1-\frac{x_2}{x_1}\right)k\right.$$

$$+\left[\left(1-\frac{\beta_0}{2}\right)\left(1-\frac{x_2}{x_1}\right)+\left(\frac{x_2^2\beta_0}{4x_1}-\frac{x_1\beta_0}{4}\right)\right]G(k)\Bigg\} \tag{4-55}$$

由式(4-55)和式(4-20)得 $x_1f_U(x_1,k_1) > x_2f_U(x_2,k_2)$。证毕。

命题 4-12 令 $m_U(x,k)=\left[\frac{\beta_0}{4}+\frac{1-\frac{\beta_0}{4}}{x^2}\right]G(k)$，则 $m_U(x_1,k_1) < m_U(x_1,k_2)$。

证明：由式(4-49)解得：

$$x=\frac{2\left[\frac{1}{G'(k)}+\left(1-\frac{\beta_0}{2}\right)\right]+2\sqrt{\left[\frac{1}{G'(k)}+\left(1-\frac{\beta_0}{2}\right)\right]2+\beta_0\left(1-\frac{\beta_0}{4}\right)}}{\beta_0} \tag{4-56}$$

将式(4-56)代入 $m_U(x,k)$ 得到。

$$\begin{aligned} & m_U(x,k) \\ = & \left\{\sqrt{\left[\frac{1}{G'(k)}+\left(1-\frac{\beta_0}{2}\right)\right]^4+\beta_0\left(1-\frac{\beta_0}{4}\right)\cdot\left[\frac{1}{G'(k)}+\left(1-\frac{\beta_0}{2}\right)\right]^2} \right. \\ & \left. +\left[\frac{1}{G'(k)}+\left(1-\frac{\beta_0}{2}\right)\right]^2+\beta_0\left(1-\frac{\beta_0}{4}\right)\right\}\cdot\frac{G(k)}{2\left(1-\frac{\beta_0}{4}\right)} \end{aligned} \tag{4-57}$$

令函数 $f_1(k)=G(k)\cdot\left\{\left[\frac{1}{G'(k)}+\left(1-\frac{\beta_0}{2}\right)\right]^2+\beta_0\left(1-\frac{\beta_0}{4}\right)\right\}$，

对 $f_1(k)$ 求 k 的一阶偏导，由 $k\geqslant 0$ 和 $\frac{G(k)G''(k)}{[G'(k)]2}>1$ 得：

$$\begin{aligned} & f_1'(k) \\ = & \left[-\frac{1}{G'(k)}-\left(1-\frac{\beta_0}{2}\right)\right]\left\{\frac{2G(k)G''(k)}{[G'(k)]^2}-\left[1+\left(1-\frac{\beta_0}{2}\right)G'(k)\right]\right\} \\ & +\beta_0\left(1-\frac{\beta_0}{4}\right)G'(k)>\left(1+\frac{\beta_0}{2}\right)\cdot\left[1-\left(1-\frac{\beta_0}{2}\right)G'(k)\right] \\ & +\beta_0\left(1-\frac{\beta_0}{4}\right)G'(k)=\left(1+\frac{\beta_0}{2}\right)+\frac{1}{2}\left(1-\frac{k}{\sqrt{k^2+1}}\right) \\ & (1-\beta_0)>0 \end{aligned} \tag{4-58}$$

即$f_1(k)$是单调递增函数。令$f_2(k)= f_1(k) - G(k)\beta_0\left(1-\frac{\beta_0}{4}\right)$，由于$f_1(k)$是单调递增函数，$G(k)$是单调递减函数，所以$f_2(k)$也是单调递增函数。又式(4-57)中：

$$m_U(x,k)=\frac{1}{2\left(1-\frac{\beta_0}{4}\right)}\cdot\left[f_1(k)+\sqrt{f_1(k)f_2(k)}\right] \tag{4-59}$$

当$k\geqslant 0$时，$f_1(k)>0$和$f_2(k)>0$，且都是单调递增函数，因此式(4-59)是k的单调递增函数。由$k_1<k_2$，得$m_U(x_1,k_1)<m_U(x_2,k_2)$。证毕。

命题4-13 判定函数$F_U(x)$为单调递增函数。

证明：由$x_1>x_2$、式(4-54)可得：

$$f_U(x_1,k_1)\frac{2\theta}{2\theta+1}\cdot x_1^{-\frac{2\theta+2}{2\theta+1}}<f_U(x_2,k_2)^{\frac{2\theta}{2\theta+1}}\cdot x_2^{-\frac{2\theta+2}{2\theta+1}} \tag{4-60}$$

由式(4-55)和命题4-12得：

$$\begin{aligned}&[f_U(x_1,k_1)x_1]^{-\frac{1}{2\theta+1}}\cdot\left[\frac{\beta_0}{4}+\frac{1}{x_1^2}\left(1-\frac{\beta_0}{4}\right)\right]G(k_1)\\&<[f_U(x_2,k_2)x_2]^{-\frac{1}{2\theta+1}}\cdot\left[\frac{\beta_0}{4}+\frac{1}{x_2^2}\left(1-\frac{\beta_0}{4}\right)\right]G(k_2)\end{aligned} \tag{4-61}$$

由$x_1>x_2$、式(4-60)、式(4-61)可得$F_U(x_1)>F_U(x_2)$，即判定函数$F_U(x)$为单调递增函数。证毕。

命题4-14 若$E_U[C(x,k)]$（式(4-46)）存在唯一的驻点(x_0,k_0)，则(Q_0,k_0)为全局最小值。

证明：令$Z_U(x,k)=k+\left[1-\frac{x\beta_0}{4}-\frac{\beta_0}{2}+\frac{1-\frac{\beta_0}{4}}{x}\right]G(k)$和$S_U(x,k)=x^{-\lambda}\cdot Z_U(x,k)^{1-\lambda}$，其中$\lambda=\frac{1}{2\theta+1}$。$E_U[C(x,k)]=W\cdot S_U(x,k)+\frac{hA}{\pi_0 x}+\frac{D\pi_0 x}{2}$，又求得$\frac{hA}{\pi_0 x}+\frac{D\pi_0 x}{2}$对$x$的二阶导数大于零。因此证明$E_U[C(x,k)]$（式(4-46)）在驻点$(x_0,k_0)$的Hessian矩阵正定，只需证明$S_U(x,k)$在$(x_0,k_0)$的Hessian矩阵正定。求$S_U(x,k)$在

(x_0, k_0) 对 x 和 k 的偏导得：

$$\frac{\partial^2 S_U(x_0,k_0)}{\partial x^2} = x_0^{-\lambda} Z_U(x_0,k_0)^{1-\lambda} \cdot \left[\frac{\lambda^2}{x_0^2} + \frac{\lambda}{x_0^2} - \frac{\lambda(1-\lambda)}{Z_U(x_0,k)} \cdot \frac{\partial Z_U(x_0,k_0)}{\partial x} \times \left(\frac{2}{x_0} + \frac{1}{Z_U(x_0,k_0)} \cdot \frac{\partial Z_U(x_0,k_0)}{\partial x}\right) + \frac{(1-\lambda)}{Z_U(x_0,k_0)} \cdot \frac{\partial^2 Z_U(x_0,k_0)}{\partial x^2}\right] \tag{4-62}$$

$$\frac{\partial^2 S_U(x_0,k_0)}{\partial k^2} = (1-\lambda) x_0^{-\lambda} \cdot Z_U(x_0,k_0)^{-\lambda} \cdot \frac{\partial^2 Z_U(x_0,k_0)}{\partial k^2} \tag{4-63}$$

$$\frac{\partial^2 S_U(x_0,k_0)}{\partial x \partial k} = (1-\lambda) x_0^{-\lambda} \cdot Z_U(x_0,k_0)^{-\lambda} \cdot \frac{\partial^2 Z_U(x_0,k_0)}{\partial x \partial k} \tag{4-64}$$

当 $x \in (0, 2\sqrt{3}-3]$ 和 $0 \leqslant \beta_0 \leqslant 1$ 时：

$$\frac{2}{x_0} + \frac{1}{Z_U(x_0,k_0)} \cdot \frac{\partial Z_U(x_0,k_0)}{\partial x} = \frac{2}{x_0} - \left[\frac{\beta_0}{4} + \frac{1}{x_0^2}\left(1 - \frac{\beta_0}{4}\right)\right] G(k_0) \times \frac{1}{k_0 + \left[1 - \frac{x_0\beta_0}{4} - \frac{\beta_0}{2} + \frac{1}{x_0}\left(1 - \frac{\beta_0}{4}\right)\right] G(k_0)} > 0 \tag{4-65}$$

由式(4-62)和式(4-65)得：

$$\frac{\partial^2 S_U(x_0,k_0)}{\partial x^2} > (1-\lambda) x_0^{-\lambda} Z_U(x_0,k_0)^{-\lambda} \frac{\partial^2 Z_U(x_0,k_0)}{\partial x^2} > 0 \tag{4-66}$$

由式(4-63)、式(4-64)和式(4-66)，$x \in (0, 2\sqrt{3}-3]$ 和 $\beta_0 \in [0,1]$ 得：

$$\frac{\partial^2 S_U(x_0,k_0)}{\partial k^2} \cdot \frac{\partial^2 S_U(x_0,k_0)}{\partial x \partial k} - \left[\frac{\partial^2 Z_U(x_0,k_0)}{\partial x \partial k}\right]^2 > (1-\lambda)^2 x_0^{-2\lambda} Z_U(x_0,k_0)^{-2\lambda} \left[\frac{\partial^2 Z_U(x_0,k_0)}{\partial x^2} \cdot \frac{\partial^2 Z_U(x_0,k_0)}{\partial k^2} - \frac{\partial^2 Z_U(x_0,k_0)}{\partial x \partial k}\right] \tag{4-67}$$

又由式(4-38)得，这里$f_4(x)$定义不变：

$$\frac{\partial^2 Z_U(x_0,k_0)}{\partial x^2}\cdot\frac{\partial^2 Z_U(x_0,k_0)}{\partial k^2}-\frac{\partial^2 Z_U(x_0,k_0)}{\partial x\partial k}$$

$$=\frac{2\left(1-\frac{\beta_0}{4}\right)}{x^3}\left[1-\frac{x\beta_0}{4}-\frac{\beta_0}{2}+\frac{1-\frac{\beta_0}{4}}{x}\right]G(k)G''(k)$$

$$-\left[\frac{\beta_0}{2}+\frac{1-\frac{\beta_0}{4}}{x}\right]^2[G'(k)]^2$$

$$>\frac{2}{x^3}\left(1-\frac{\beta_0}{4}\right)\left[1-\frac{x\beta_0}{4}-\frac{\beta_0}{2}+\frac{1-\frac{\beta_0}{4}}{x}\right]-\left[\frac{\beta_0}{2}+\frac{1-\frac{\beta_0}{4}}{x}\right]^2$$

$$>\frac{1}{16x^3}\cdot f_4(x)>0 \tag{4-68}$$

由式(4-66)和式(4-67)得$S_U(x,k)$在(x_0,k_0)的Hessian矩阵正定，即$E_U[C(x,k)]$在点(x_0,k_0)的Hessian矩阵正定，(x_0,k_0)是唯一的极小值点，也是全局最小值点。证毕。

定理4-2　存在唯一的最优库存策略、订货量Q、安全系数k、折扣水平π_x和提前期L，使连续盘点时的年总成本$E_U[C(Q,k,\pi_x,L)]$（见式(4-39)所示）最小。

证明：由命题4-13，判定函数$F_U(x)$为单调递增函数，方程组(4B)最多只有一组正实数解(x,k)，即式(4-46)最多只有一个驻点。当驻点存在时，由命题4-14的证明知，该驻点为全局最小值点。(x,k)和式(4-40)、式(4-44)、式(4-45)计算得的Q、π_x、L和k即为最优库存策略。若驻点不存在，$\lim\limits_{x\to 1}E_U[C(x,k)]=\infty$，$\lim\limits_{x\to 0}E_U[C(x,k)]=\infty$，$\lim\limits_{k\to\infty}E_U[C(x,k)]=\infty$，最优库存策略满足$k=0$，由式(4-47)求解$x$值，并由式(4-40)、式(4-44)、式(4-45)计算得的Q，π_x，L和k即为最优库存策略。证毕。

求解算法(4B)：

步骤1　首先令$x_0=0$和$x_1=2\sqrt{3}-3$。若$F_U(x_1)<0$，则方程

组(4B)无解。令 $k=0$,然后式(4-47)求解 x 值,并由式(4-40)、式(4-44)、式(4-45)计算得的 Q、π_x、L 和 k 即为最优库存策略。若 $F_U(x_1)\geqslant 0$,则转到步骤(2)。

步骤2　令 $x^*=\frac{x_0+x_1}{2}$,计算判定函数 $F_U(x^*)$,如果 $F_U(x^*)\leqslant 0$ 则令 $x_0=x^*$,否则令 $x_1=x^*$。重复步骤(2),直到 $x_1-x_0<\varepsilon$,其中 ε 为预先指定的精度。

步骤3　分别令 Q^+ 为大于 $\frac{D\pi_0 x^*}{h}$ 的最小整数,Q^- 为小于 $\frac{D\pi_0 x^*}{h}$ 的最大整数,并由式(4-40)、式(4-44)、式(4-45)和式(4-49)算出 Q、k、π_x、L 值,将两次结果分别代入式(4-39),最小的一组解即为最优库存策略。

4.3　敏感性分析

现在采用敏感性分析,分析缩短提前期、折扣水平变化和提前期需求分布对库存管理的影响。首先分析缩短提前期时,最优库存策略的变化情况。

由命题4-6和命题4-13得,判定函数 $F(Q)$ 和 $F_U(Q)$ 都为单调递增函数,类似定理3-3的证明,可以得到定理4-3,其中 L_0,L_1,L_2 定义与定理3-3中相同。

定理4-3　当提前期需求为正态分布或分布未知时,缩短提前期 L 时,最优库存策略都存在两个不同的变化阶段 $[L_0,L_1]$,$[L_1,L_2]$,其中 $L_2>L_1>L_0$。当 $L\in[L_1,L_2]$ 时,随着提前期 L 的减少,订货量 Q 单调递减,安全系数 k 单调递增,折扣水平 π_x 单调递减;当 $L\in[L_0,L_1]$ 时,随着提前期 L 的减少,订货量 Q 单调递增,安全系数 k 单调递减,折扣水平 π_x 单调递增。当 $L>L_2$ 时方程组(4A)和(4B)无解。

定理4-3说明,当 $L\in[L_1,L_2]$ 时,缺货损失减小超过提前期成本的增加，此时随着提前期的缩短，订货量会减少，安全系数会增加，折扣水平会减少。但当 $L \in [L_0, L_1]$ 时，缺货损失减小小于提前期成本的增加，此时随着提前期的缩短，订货量增加，安全系数会减少，折扣水平增加。

现在分析折扣水平对库存管理的影响。

定理 4-4　当给定 Q 时，随着折扣水平 π_x 从 0 向最优 $\pi_x = \frac{hQ}{2D} + \frac{\pi_0}{2}$ 增加时，安全系数 k 会降低，提前期 L 会增大，安全库存 $k\sigma\sqrt{L}$ 会降低。

证明：首先考虑提前期需求为正态分布，随着折扣水平 π_x 从 0 向最优 π_x 增加时，使式(4-4)取最小值的 k，必定使 $n(Q,k,\pi_x)$ 取最小值。对 $n(Q,k,\pi_x)$ 求 k 的一阶和二阶偏导得：

$$\frac{\partial n(Q,k,\pi_x)}{\partial k} = h + h\left(1 - \beta_0\frac{\pi_x}{\pi_0}\right)\psi'(k) + \frac{D\left[\beta_0\frac{\pi_x^2}{\pi_0} + \pi_0\left(1 - \beta_0\frac{\pi_x}{\pi_0}\right)\right]\psi'(k)}{Q} \tag{4-69}$$

$$\frac{\partial^2 n(Q,k,\pi_x)}{\partial k^2} = \left\{h\left(1 - \beta_0\frac{\pi_x}{\pi_0}\right) + \frac{D\left[\beta_0\frac{\pi_x^2}{\pi_0} + \pi_0\left(1 - \beta_0\frac{\pi_x}{\pi_0}\right)\right]}{Q}\right\}\phi(k) > 0 \tag{4-70}$$

由式(4-69)得，给定 Q,π_x 时，$n(Q,k,\pi_x)$ 为 k 的凸函数。使 $n(Q,k,\pi_x)$ 取最小值的 k 必定满足式(4-68)值为零。由此解得：

$$\Phi(k) = 1 - \frac{h}{T(\pi_x)} \tag{4-71}$$

其中：$T(\pi_x) = h\left(1 - \beta_0\frac{\pi_x}{\pi_0}\right) + \frac{D\left[\beta_0\frac{\pi_x^2}{\pi_0} + \pi_0\left(1 - \beta_0\frac{\pi_x}{\pi_0}\right)\right]}{Q}$。

给定 Q 值时，则当 $\pi_x \in \left[0, \frac{hQ}{2D} + \frac{\pi_0}{2}\right]$，$T(\pi_x)$ 为 π_x 的单调递减函数。所以，当 π_x 从 0 向最优 $\pi_x = \frac{hQ}{2D} + \frac{\pi_0}{2}$ 增加时，由式(4-70)知，安全系数 k 会降低。又当 $T(\pi_x)$ 降低时，由式(4-3)知最优提前期 $L = \left\{ \frac{\sigma Q}{2\theta CD}[hk + T(\pi_x)\psi(k)] \right\}^{-\frac{2}{2\theta+1}}$ 会增大。由式(4-3)和式(4-71)，安全库存为：

$$k\sigma\sqrt{L} = k^{\frac{2\theta}{2\theta+1}}\sigma\left\{\frac{2\theta CD}{\sigma Qh}\frac{k \cdot [1 - \Phi(k)]}{\phi(k)}\right\}^{\frac{1}{2\theta+1}} \tag{4-72}$$

当 k 降低时，由式(3-66)可知，安全库存会降低。即随着 π_x 的增加，安全系数会降低，安全库存会降低。提前期 L 会变长。

当提前期需求分布未知时，类似的证明可以得到同样的结果。证毕。

缩短提前期、增加安全库存和增加折扣水平为降低缺货损失的三种有效方法，当折扣水平增大时，缺货损失会降低，替代了部分缩短提前期和增加安全库存的作用。因而提前期会增加，安全系数和安全库存会降低。

现在比较不同市场需求对最优库存策略的影响。

定理 4-5 提前期需求分布未知与正态分布相比，订货量会增大，提前期会缩短，折扣水平会提高。

证明：比较相同 x 值时，判定函数 $F(x)$ 和 $F_U(x)$ 的大小。这里 k_1 和 k_2 分别由式(4-13)和式(4-49)算得。类似式(3-69)的证明有：

$$f(x,k_1) < f_U(x,k_2) \tag{4-73}$$

命题 3-11 中，令 $\gamma = \left(1 - \frac{x\beta_0}{4} - \frac{\beta_0}{2}\right) + \frac{1 - \frac{\beta_0}{4}}{x}$ 得：

$$\frac{\psi(k_1)}{f(x,k_1)} < \frac{G(k_2)}{f_U(x,k_2)} \tag{4-74}$$

由式(4-73)和式(4-74)得：

$$f(x,k_1)^{-\frac{1}{2\theta+1}} \cdot \psi(k_1) < f_U(x,k_2)^{-\frac{1}{2\theta+1}} \cdot G(k_2) \tag{4-75}$$

由式(4-73)和式(4-75)可得，对于给定的 x ，判定函数 $F(x) > F_U(x)$ 。因此提前期需求分布未知与正态分布相比，x 值会提高，即订货量会增大，折扣水平会提高，提前期会缩短。证毕。

定理4-5说明，当管理库存的时候，如果不知道市场信息需求实际分布，则采用 MiniMax 方法时，由于估算最差分布时的缺货损失，为了减少缺货损失，每个周期会订更多的货、采用更短的提前期和更高的折扣水平以减少不知道具体市场需求分布而带来的损失。

4.4 数值算例

现有库存系统，其平均年总市场需求 $D = 600$ 件/年，每次订货成本 $A = 400$ 元，单位货物年存储费 $h = 50$ 元，利润 $\pi_0 = 400$ 元，缺货时愿意等待的顾客比例 $\beta_0 = 0.5$，单位时间内需求标准差 $\sigma = 7$ 件/周，提前期和提前期成本满足 $R(L) = 1000L^{-2}$ ，L 单位为周。表4-1为不同 β_0 条件下，提前期需求为正态分布或分布未知时，采用求解算法(4A)和(4B)计算的结果。表4-2为提前期需求为正态分布或分布未知时，不同折扣水平 $\pi_x = 204.67$ 时的计算结果。图4-1和图4-2为提前期缩短时，提前期需求为正态分布或分布未知时，折扣水平的变化趋势。

提前期需求为正态分布，精度为 $\varepsilon = 0.0001$ 时，算得最终 $x = 0.0309$。当订货量 $Q = 111$ 时，算得年总成本为6896.64元，当 $Q = 112$ 时，年总成本为6896.71元。所以最优库存策略为订货量 $Q = 111$，安全系数 $k = 1.94$，提前期 $L = 3.70$ 周，折扣水平 $\pi_x = 204.67$ 元。

提前期需求分布未知，精度为 $\varepsilon = 0.0001$ 时，算得最终 $x = 0.0415$。当订货量 $Q = 149$ 时，算得年总成本为8900.44元，当 $Q = 150$ 时，年总成本为8900.33元。所以最优库存策略为订货量 $Q = 150$，安全系数 $k = 2.53$，提前期 $L = 2.37$ 周，折扣水平 $\pi_x = 206.25$ 元。

表 4-1　不同 β_0 计算结果(提前期需求为正态分布或分布未知)

β_0	正态分布					分布未知				
	年总成本	订货量	安全系数	提前期	折扣水平	年总成本	订货量	安全系数	提前期	折扣水平
0	6855.49	112	1.87	3.74	204.67	8670.43	147	2.35	2.46	206.13
0.25	6872.87	112	1.90	3.73	204.67	8765.45	148	2.43	2.43	206.17
0.5	6896.64	112	1.94	3.70	204.67	8900.33	150	2.54	2.37	206.25
0.8	6914.65	112	1.97	3.69	204.67	9006.60	151	2.63	2.34	206.29
1	6931.29	112	2.00	3.67	204.67	9107.99	152	2.72	2.30	206.33

表 4-2　不同 π_x 计算结果(提前期需求为正态分布或分布未知)

π_x	正态分布				分布未知			
	年总成本	订货量	安全系数	提前期	年总成本	订货量	安全系数	提前期
0	6931.29	112	2.00	3.67	9108.24	151	2.73	2.30
50	6917.10	112	1.98	3.68	9022.14	150	2.66	2.33
100	6906.25	112	1.96	3.69	8957.42	150	2.59	2.35
150	6899.30	112	1.95	3.70	8916.47	150	2.55	2.37
200	6896.66	112	1.94	3.70	8900.53	150	2.54	2.37

本章考虑零售商同时决定订货量、安全系数、提前期和折扣水平使年总成本最小。

由前面的分析和数值算例可知:

(1)当零售商可以决定折扣水平，提前期可控，采用连续盘点策略管理库存时，提前期成本函数为幂函数时，提前期需求为正态分布或分布未知时，都存在唯一的全局最优订货量、安全系数、提前期和折扣水平使年总成本最小。

(2)如表 4-1 所示，当提前期需求分布未知时，采用 MiniMax 方法计算的年总成本要高于正态分布时的年总成本。分布未知的最优订货量、折扣水平要高于正态分布，而最优提前期小于正态分布

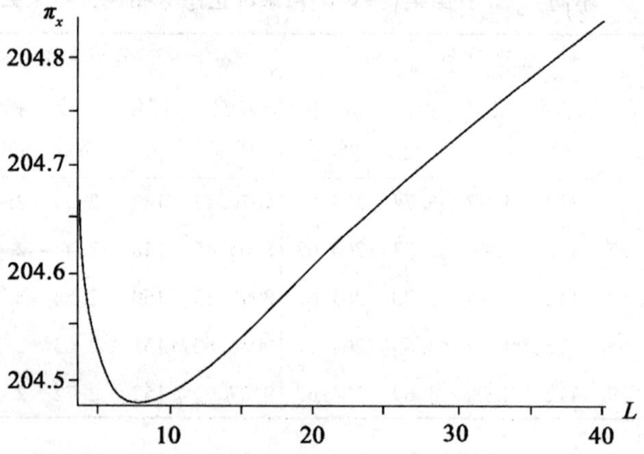

图 4-1　正态分布时给定提前期和最优折扣水平关系

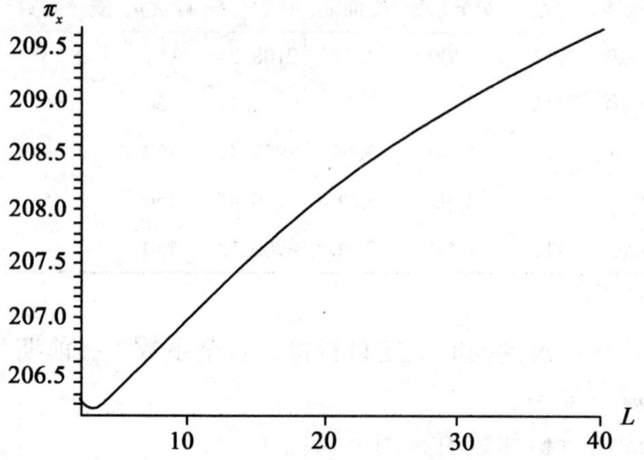

图 4-2　未知分布时给定提前期和最优折扣水平关系

时的提前期。

(3)如表 4-2 所示，随着折扣水平的增加，提前期需求为正态分布或分布未知时，安全系数会减小，提前期会增加。

(4)图 4-1 和图 4-2 显示，验证了定理 4-3，提前期需求为正态分布或分布未知时，提前期缩短时，折扣水平均先减小后增大。

4.5 小　结

本章考虑零售商可以通过付出额外的成本来降低押后订单比例，同时决策最优订货量、安全系数、提前期和折扣水平使单位时间总成本最小。所做的主要创新工作有：

(1)证明当提前期需求为正态分布或分布未知时，提前期成本为幂函数时，都存在唯一的全局最优订货量、安全系数、提前期和折扣水平使年总成本最小。建立了二分法求解算法。

(2)当提前期需求为正态分布或分布未知时，缩短提前期 L 时，最优库存策略都存在两个不同的变化阶段 $[L_0, L_1]$，$[L_1, L_2]$，其中 $L_2<L_1<L_0$。当 $L\in[L_1, L_2]$ 时，随着提前期 L 的减少，订货量 Q 单调递减，安全系数 k 单调递增，折扣水平 π_x 单调递减；当 $L\in[L_0, L_1]$ 时，随着提前期 L 的减少，订货量 Q 单调递增，安全系数 k 单调递减，折扣水平 π_x 单调递增。当 $L>L_2$ 时方程组(4A)和(4B)无解。

(3)当固定 Q 时，分析了折扣水平对库存管理的影响，证明随着 π_x 从 0 向最优折扣水平 π_x^* 变化时，安全系数和安全库存会降低，提前期 L 会增大。

(4)比较了提前期需求分布对库存策略的影响，证明提前期需求分布未知时，年总成本、订货量和折扣水平均大于正态分布，而提前期小于正态分布。

第五章　供应商和零售商联合库存

在日趋激烈的市场竞争环境和不断提高的顾客要求下，企业纷纷将它们的生产经营活动集中在自己的核心业务上，市场竞争由过去注重大规模生产条件下单个企业之间的竞争转向企业集团和企业之间形成的供应链之间的竞争。

Goyal[143]首先提出要从供应链整体角度考虑，供需双方协作制订生产和库存计划使供应链整体最优，并建立基于单一生产商和单一需求方联合年总成本最小的供需一体化库存模型。Banerjee[144]提出整合经济批量模型(Joint Economic Lot Size，JELS)，模型中生产商待全部产品生产完毕后再整批运送给买方。Goyal[145]推广Banerjee的模型，考虑生产商生产的批量为买方订购批量的 m 倍(m 为整数)，生产商生产完全部产品，然后分 m 次运送给需求方。Lu[146]讨论当卖方处于优势状况下，唯一卖方、多个买方的JELS模型。Goyal[147]考虑了更复杂的运送方式，并将订购的批量分 m 次运送，第 i 次运送的批量为第 $i-1$ 次运送批量的(生产率/市场需求)倍。Ha与Kim[148]则认为若买方订购批量为 Q ，生产商生产相同的批量，平均分 m 次运送给买方，且在生产期间就开始运送货品会更符合及时生产(Just-in-time，JIT)的精神。Hill[149]进一步提出一个更为一般化的订购/生产策略模型，建议卖方分 m 次运送，开始的 $n(n \leqslant m)$ 次运送批量成等比级数递增，比值为(生产率/市场需求)，后面的 $m-n$ 次运送批量固定为最后一次的运送量。分析结果说明当买卖双方单位库存持有成本相同时，采用递增的运送策略较好；当买方持有库存成本高于卖方库存持有成本时，每次运送相同的批量较好。Goyal 与 Nebebe[150] 提出一个比较简单的生产运送策略，卖方生产的批量仍为买方订购的批量，但分 m 次运送，第一次运送较小的批量 Q ，后面的 $m-1$ 次运送批量固定为 $Q\times$ 生产率/市场需求 。Kelle、Al-khateeb 和 Miller[151] 提出买方订购批量 Q_B ，分 n 次送达，每次收到的批量为 $q=Q_B/n$ 。生产商生产的批量为 Q_S ，为 q 的 m 整数倍，$Q_S=mg$，n 与 m 的值不需要相同。也有大量的文献研究不同供应链环境中，如何决策最优的运输批次库存策略。如 Rau 和 Ouyang[152] 考虑了市场需求随时间线性减少，Ben 和 Noman[153] 考虑产品中存在瑕疵，采用三种不同检测方式(不检查、抽检和全检)，Chuang 和 Kun[154] 考虑生产商的可靠性，Ho、Ouyang 和 Su[155] 考虑商业信用，Chen 和 Kang[156] 考虑延期付款等。

上述讨论一体化库存模型的文献，主要研究最优生产和运送策略，并没有考虑可控提前期对库存管理的影响。Pan 与 Yang[83] 研究了基于可控提前期的一体化模型，但没有考虑缺货损失，且将订货点当作常数。Ouyang、Wu 和 Chia[9] 进一步考虑缺货损失，且将订货点也作为决策变量。然而 Ouyang 采用枚举法计算最优解，效率较低，算法中也存在瑕疵。同时基于提前期成本为分段线性函数时无法比较分析可控提前期对一体化库存管理的影响。本章考虑可控提前期和存在顾客流失时，单一零售商和单一生产商的一体化库存管理问题。首先给出提前期成本为分段线性函数时，最优库存策略的二分法求解算法，进一步研究基于非线性提前期成本的供需一体化库存问题，给出求解算法，并分析可控提前期对一体化库存管理的影响。

5.1 提前期成本为分段线性函数时的库存模型

首先重新研究文献[9]的模型，提前期成本为分段线性函数。提前期 L 由 n 个相互独立的操作时段构成，每个操作时段的最短持续时间为 a_i，正常持续时间为 b_i，缩短单位时间的提前期成本为

c_i。在这里排序使 $c_1 \leqslant c_2 \leqslant \cdots \leqslant c_n$。记 $L_0 = \sum_{j=1}^{n} b_j$ 和 L_i 表示前 1，2，…，i 个操作时段被缩短到最小时间 a_i，则当提前期在区间 $[L_i, L_{i-1}]$ 时，缩短提前期的成本为 $R(L) = c_i(L_{i-1} - L) + \sum_{j=1}^{n} c_j(b_j - a_j)$。

5.1.1 提前期需求为正态分布

考虑模型中存在唯一的生产商(供应方)和唯一的零售商(需求方)，零售商从生产商订货，向市场销售产品，每次订货量为 Q。生产商接到订单后，以生产率 P 生产 mQ 单位货物，然后分 m 次运送给零售商，其中 Q、m 为决策变量，m 为正整数。市场年总需求为 $D(D < P)$，提前期需求为均值为 DL，标准差为 $\sigma\sqrt{L}$ 的正态分布。零售商单位货物年库存持有成本为 h_B，每次订货成本为 A_B，这里假定多次运输时，每次运输费、交易费、检测费等均由零售商完全承担。生产商单位货物年库存持有成本为 h_V，每次的生产启动成本为 A_V。零售商采用连续盘点的库存策略，每当库存水平降低到订货点 r 时，发出订单定 Q 单位的货物。其中订货点 $r = DL + k\sigma\sqrt{L}$，DL 为提前期内的期望需求，$k\sigma\sqrt{L}$ 为安全库存，k 为安全系数，决策变量且 $k \geqslant 0$。市场发生缺货时，单位缺货造成的损失为 π，其中有 β 比例的顾客愿意等待到货，$(1-\beta)$ 的顾客流失 $0 \leqslant \beta \leqslant 1$，每个流失顾客造成的利润损失为 π_0。

零售商年总成本为订货成本+库存成本+缺货成本+提前期成本。类似第三章的式(3-1)的推导有：

$$\mathrm{TEC}_B(Q, k, L) = \frac{DA_B}{Q} + h_B\left[\frac{Q}{2} + k\sigma\sqrt{L} + (1-\beta)B(r)\right] + \frac{D[\pi + \pi_0(1-\beta)]B(r)}{Q} + R(L) \tag{5-1}$$

当生产商接到零售商订单时，就以生产率 P 生产 mQ 单位的货物，然后分 m 次运送给零售商。一个生产周期内库存水平的变化情况如图 5-1 所示。

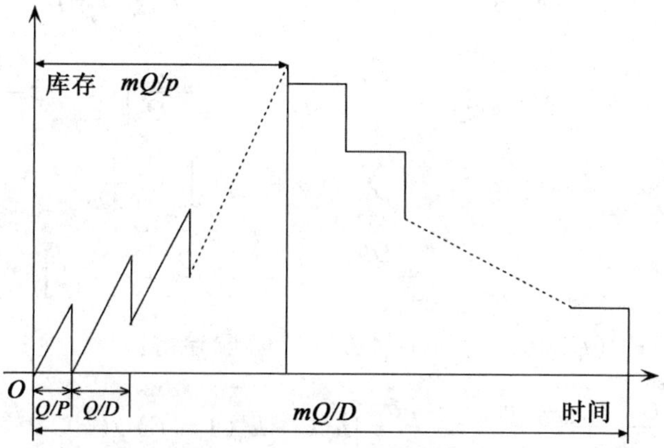

图 5-1 一个周期内生产商的库存变化情况

因此一个周期内生产商的平均库存水平为 $\frac{Q}{2}\left[(2-m)\frac{D}{P}+m-1\right]$，生产商年总成本为：

$$\mathrm{TEC}_V(Q,\ m)=\frac{DA_V}{mQ}+\frac{Qh_V}{2}\left[(2-m)\frac{D}{P}+m-1\right] \tag{5-2}$$

所以生产商和零售商的联合年总成本为（这里 $\bar{\pi}=\pi+\pi_0(1-\beta)$）：

$$\mathrm{JTEC}(Q,\ L,\ k,\ m)=\frac{DA_B}{Q}+h_B\left[\frac{Q}{2}+k\sigma\sqrt{L}+(1-\beta)B(r)\right]$$
$$+\frac{D\bar{\pi}B(r)}{Q}+R(L)+\frac{DA_V}{mQ}+\frac{Qh_V}{2}\left[(2-m)\frac{D}{P}+m-1\right] \tag{5-3}$$

最优库存策略即为在正实数域内，求运输批次正整数 m、订货量 Q、安全系数 k 和提前期 L，使式（5-3）中的联合年总成本 $\mathrm{JTEC}(Q,\ L,\ k,\ m)$ 最小。

当提前期需求为正态分布时，一个周期内总缺货量的期望为

$B(r)=\sigma\sqrt{L}\psi(k)$。由式(5-3)知年总成本为：

$$\mathrm{JTEC}(Q,\ L,\ k,\ m)=\frac{DA_B}{Q}+h_B\left[\frac{Q}{2}+k\sigma\sqrt{L}+(1-\beta)\sigma\sqrt{L}\psi(k)\right]+\frac{D\bar{\pi}\sigma\sqrt{L}\psi(k)}{Q}+\frac{D}{Q}\left[c_i(L_{i-1}-L)+\sum_{j=1}^{i-1}c_j(b_j-a_j)\right]+\frac{DA_V}{mQ}+\frac{Qh_V}{2}\left[(2-m)\frac{D}{p}+m-1\right] \tag{5-4}$$

求 JTEC(Q, L, k, m) 对 L 的二阶偏导得：

$$\frac{\partial^2\mathrm{JTEC}(Q,\ L,\ k,\ m)}{\partial L^2}=-\frac{\sigma}{4L^{\frac{3}{2}}}\left[h_Bk+h_B(1-\beta)\psi(k)+\frac{D\bar{\pi}\psi(k)}{Q}\right]<0 \tag{5-5}$$

当 $L\in[L_i,\ L_{i-1}]$ 时，JTEC(Q, L, k, m) 为 L 的凹函数。因此最优值 L 必定区间$[L_i,\ L_{i-1}]$的端点。求 JTEC(Q, L, k, m) 最小值转变为求 $L=L_j$，$j=0, 1, 2, \cdots, n$ 时，式(5-4)的最小值，其中最小的一个即为最优解。Ouyang 认为给定 m 时，式(5-4)为 Q、k 的联合凸函数。而对于给定 Q、k 时，式(5-4)为 m 的凸函数，因此可以通过枚举 m，当 m 同时满足式(5-6)和式(5-7)时，m 即为最优运输批次。

$$\mathrm{Min}[\mathrm{JTEC}(Q,\ L,\ k,\ m-1)]\geqslant \mathrm{Min}[\mathrm{JTEC}(Q,\ L,\ k,\ m)] \tag{5-6}$$

$$\mathrm{Min}[\mathrm{JTEC}(Q,\ L,\ k,\ m+1)]\geqslant \mathrm{Min}[\mathrm{JTEC}(Q,\ L,\ k,\ m)] \tag{5-7}$$

这个算法是有瑕疵的，当 m 值变动时，最优的 Q、k 也会跟随 m 变动。因此需要证明 Q、k、m 的联合凸性，该算法才正确。同时运用枚举法搜索 m 值，效率较低。因此本节建立新的算法来求解该模型。

求式(5-4)分别对 Q、k、m 的一阶偏导，得到由式(5-8)、式(5-9)和式(5-10)组成的方程组(5A)。

$$\begin{cases} \dfrac{\partial \text{JTEC}(Q,\ k,\ m)}{\partial Q} = 0 = -\dfrac{DA_B}{Q^2} + \dfrac{h_B}{2} - \dfrac{D\bar{\pi}\sigma\sqrt{L}\psi(k)}{Q^2} - \dfrac{D}{Q^2}R(L) \\ \qquad - \dfrac{DA_V}{mQ^2} + \dfrac{h_V}{2}\left[(2-m)\dfrac{D}{P} + m - 1\right] & (5\text{-}8) \\ \dfrac{\partial \text{JTEC}(Q,\ k,\ m)}{\partial k} = 0 = \sigma\sqrt{L}\left[h_B + h_B(1-\beta)\psi'(k) + \dfrac{D\bar{\pi}\psi'(k)}{Q}\right] \\ & (5\text{-}9) \\ \dfrac{\partial \text{JTEC}(Q,\ k,\ m)}{\partial m} = 0 = -\dfrac{DA_V}{m^2Q} + \dfrac{Qh_V}{2}\left(1 - \dfrac{D}{P}\right) & (5\text{-}10) \end{cases}$$

由式(5-9) 和式(5-10) 可以求得:

$$\Phi(k) = 1 - \frac{h_B}{h_B(1-\beta) + \dfrac{D\bar{\pi}}{Q}} \tag{5-11}$$

$$m = \frac{1}{Q}\sqrt{\frac{2DA_VP}{h_V(P-D)}} \tag{5-12}$$

由式(5-11) 和 $k \in [0,\ \infty)$，知方程组(5A) 的解满足 $Q \in \left(0,\ \dfrac{D\bar{\pi}}{h_B(1+\beta)}\right]$。对于任意给定的正实数 $Q \in \left(0,\ \dfrac{D\bar{\pi}}{h_B(1+\beta)}\right]$，可以采用如下方法判断 Q 是否为方程组(5A) 的解。

(1) 定义一个函数 $F(Q)$，函数 $F(Q)$ 的值可由步骤(2) 和(3) 得到。

(2) 由式(5-12) 算得唯一 m 值，由式(5-11) 算得 $\Phi(k)$ 值，查正态分布表可以得到唯一 k 值。

(3) 将 Q、m 和 k 的值代入式(5-8)，算得 $F(Q) = \partial\dfrac{\text{JTEC}(Q,\ k,\ m)}{\partial Q}$ 的值。

(4) 当且仅当 $F(Q) = 0$ 时，$(Q,\ k)$ 为方程组(5A) 的解。

命题 5-1 当 $Q \in \left(0,\ \dfrac{D\bar{\pi}}{h_B(1+\beta)}\right]$ 时，$F(Q)$ 为单调递增函数。

证明：对于任意 $Q_1 > Q_2$，由式(5-11) 知，$0 \leqslant k_1 \leqslant k_2$。将式

(5-12) 代入式(5-8) 得：

$$\frac{\partial \text{JTEC}(Q,\ k,\ m)}{\partial Q} = -\frac{DA_B}{Q^2} + \frac{h_B}{2} - \frac{D\bar{\pi}\sigma\sqrt{L}\psi(k)}{Q^2} - \frac{D}{Q^2}R(L) + \frac{h_V}{2}\left(2\frac{D}{P} - 1\right) \tag{5-13}$$

由式(5-9) 可得：

$$Q = \frac{D\bar{\pi}\psi'(k)}{h_B + (1-\beta)h_B\psi'(k)} \tag{5-14}$$

所以 $\frac{\psi(k)}{Q^2} = \frac{h_B^2[1+(1-\beta)\psi'(k)]^2\psi(k)}{[D\bar{\pi}\psi'(k)]^2}$，由式(3-15) 知 $\frac{\psi(k)}{Q^2}$ 为 k 的单调递增函数，由 $k_1 < k_2$ 得：

$$\frac{\psi(k_1)}{Q_1^2} < \frac{\psi(k_2)}{Q_2^2} \tag{5-15}$$

由 $Q_1 > Q_2$ 和式(5-15) 得 $F(Q_1) > F(Q_2)$，$F(Q)$ 为单调递增函数。证毕。

命题 5-2　若给定提前期 L 时，方程组(5A) 存在唯一解 $(Q_0,\ k_0,\ m_0)$，则 $(Q_0,\ k_0,\ m_0)$ 为全局最小值。

证明：求式(5-4) 对 Q、k、m 的偏导得：

$$\frac{\partial^2 \text{JTEC}(Q,k,m)}{\partial Q^2} = \frac{2D}{Q^3}\cdot\left[A_B + \bar{\pi}\sigma\sqrt{L}\psi(k) + R(L) + \frac{A_V}{m}\right] \tag{5-16}$$

$$\frac{\partial^2 \text{JTEC}(Q,k,m)}{\partial k^2} = \frac{D\bar{\pi}\sigma\sqrt{L}\phi(k)}{Q} \tag{5-17}$$

$$\frac{\partial^2 \text{JTEC}(Q,k,m)}{\partial m^2} = \frac{2DA_V}{m^3 Q} \tag{5-18}$$

$$\frac{\partial^2 \text{JTEC}(Q,k,m)}{\partial Q\partial k} = \frac{D\bar{\pi}\sigma\sqrt{L}\psi'(k)}{Q^2} \tag{5-19}$$

$$\frac{\partial^2 \text{JTEC}(Q,k,m)}{\partial Q\partial m} = \frac{DA_V}{m^2Q^2} + \frac{h_V}{2}\left(1 - \frac{D}{P}\right) \tag{5-20}$$

$$\frac{\partial^2 \text{JTEC}(Q,k,m)}{\partial k\partial m} = 0 \tag{5-21}$$

计算(Q,k,m)的 Hessian 行列式值得：

$$|H_{11}| = \frac{2D}{Q^3} \cdot \left[A_B + \bar{\pi}\sigma\sqrt{L}\psi(k) + R(L) + \frac{AV}{m}\right] > 0 \qquad (5\text{-}22)$$

$$|H_{22}| = \frac{D^2\bar{\pi}\sigma\sqrt{L}}{Q^4}\left\{2\left[A_B + \bar{\pi}\sigma\sqrt{L}\psi(k) + R(L) + \frac{A_V}{m}\right]\phi(k) - \bar{\pi}\sigma\sqrt{L}[\psi'(k)]^2\right\} > 0 \qquad (5\text{-}23)$$

$$|H_{33}| = \frac{2D^3A_V\bar{\pi}\sigma\sqrt{L}}{Q^5m^3}\left\{2\left[A_B + \bar{\pi}\sigma\sqrt{L}\psi(k) + R(L) + \frac{A_V}{m}\right]\phi(k) - \bar{\pi}\sigma\sqrt{L}[\psi'(k)]^2\right\} - \left[\frac{DA_V}{m^2Q^2} + \frac{h_V}{2}\left(1 - \frac{D}{P}\right)\right]^2 \cdot \left[\frac{D\bar{\pi}\sigma\sqrt{L}\phi(k)}{Q}\right] \qquad (5\text{-}24)$$

又在(Q_0,k_0,m_0)点，$m_0 = \frac{1}{Q_0}\sqrt{\frac{2DA_VP}{h_V(P-D)}}$，代入式(5-24)得$|H_{33}| > 0$。由式(5-22)、式(5-23)和式(5-24)得，在(Q_0,k_0,m_0)点 JTEC(Q,k,m)的 Hessian 矩阵正定。若给定提前期L时，方程组(5A)存在唯一解(Q_0,k_0,m_0)，则(Q_0,k_0,m_0)为全局最小值。证毕。

定理 5-1 给定提前期L时，存在唯一的最优库存策略（订货量Q、安全系数k和运输批次正整数m），使连续盘点时的年总成本 JTEC(Q,k,m)（见式(5-4)）最小。且当方程组(5A)存在唯一一组解时，则这组解即为最优库存策略；若方程组(5A)无解时，则最优库存策略满足$k=0$。

证明：给定提前期L时，由命题 5-1，判定函数$F(Q)$为单调递增函数，方程组(5A)最多只有一组正实数解(Q,k,m)。若方程组解存在，由命题 5-2 知，该点为全局最小值点，最优运输批次m为最接近于m_0的正整数。将m值带回到方程组(5A)重新求解，得到最优订货量Q和安全系数k。若方程组无解时，当$Q\to\infty$，$Q\to 0$，$m\to\infty$，$m\to 0$，$k\to\infty$时，JTEC(Q,k,m)的值均趋近于无穷。因此最优库存策略满足$k=0$。由式(5-8)、式(5-10)可以求得最优的Q和正

整数 m 值。证毕。

由定理 5-1 和前面的分析，最优库存策略求解算法如下：

求解算法(5A)：

步骤 1　对每一个 $L = L_i, i = 1,2,\cdots,n$ 重复步骤(2) 到步骤(5)。

步骤 2　首先令 $Q_0 = 0$ 和 $Q_1 = \frac{D\bar{\pi}}{h_B(1+\beta)}$。若 $F(Q_1) \leqslant 0$，则方程组(5A) 无解。令 $k = 0$，然后由式(5-8)、式(5-10) 算出最优库存策略$(Q, L_i, m, k = 0)$。若 $F(Q_1) > 0$，则转到步骤(2)。

步骤 3　令 $Q^* = \frac{Q_2 + Q_1}{2}$，计算判定函数 $F(Q^*)$，如果 $F(Q^*) \leqslant 0$ 则令 $Q_0 = Q^*$，否则令 $Q_1 = Q^*$。若$\left(\frac{1}{Q_0} - \frac{1}{Q_1}\right)\sqrt{\frac{2DA_VP}{h_V(P-D)}} \leqslant 1$，则转到步骤 4，否则继续重复步骤 3。

步骤 4　分别令 m^- 为小于$\frac{1}{Q_1}\sqrt{\frac{2DA_VP}{h_V(P-D)}}$ 的最大整数，m^+ 为大于$\frac{1}{Q_0}\sqrt{\frac{2DA_VP}{h_V(P-D)}}$ 的最小整数。若 m^-、m^+ 之间存在整数，记为 $m^\#$($m^\#$ 可以不存在)，将 m^-、m^+、$m^\#$ 分别代入方程组(5A)，由式(5-8) 和式(5-9) 重新求解 Q、k。将三次计算的结果代入式(5-4)，年总成本最小的一个即为 $L = L_i$ 时最优库存策略 Q、k、m 值。最优订货点为最接近 $DL + k\sigma\sqrt{L}$ 的整数。

步骤 5　将每一对(Q_i, L_i, k_i, m_i) 带入式(5-4)，其中使年总成本最小的一组(Q_i, L_i, k_i, m_i)，即为最优库存策略。

5.1.2　提前期需求分布未知

考虑当提前期需求分布未知时，其余假设和 6.1.1 节相同。一个周期内总缺货量的期望为 $B(r) = \sigma\sqrt{L}G(k)$。类似于式(5-4) 的推导，得年总成本为：

$$\mathrm{JTEC}_U(Q,L,k,m) = \frac{DA_B}{Q} + h_B\left[\frac{Q}{2} + k\sigma\sqrt{L} + (1-\beta)\sigma\sqrt{L}G(k)\right]$$

$$+\frac{D\bar{\pi}\sigma\sqrt{L}G(k)}{Q}+\frac{D}{Q}\left[c_i(K_{i-1}-L)+\sum_{j=1}^{i-1}c_j(b_j-a_j)\right]$$
$$+\frac{DA_V}{mQ}+\frac{Qh_V}{2}\left[(2-m)\frac{D}{P}+m-1\right] \tag{5-25}$$

求 $\mathrm{JTEC}_U(Q,L,k,m)$ 对 L 的二阶偏导得：

$$\frac{\partial^2\mathrm{JTEC}_U(Q,L,k,m)}{\partial L^2}=-\frac{\sigma}{4L^{\frac{3}{2}}}\left[h_Bk+h_B(1-\beta)G(k)+\frac{D\bar{\pi}G(k)}{Q}\right]$$
$$<0 \tag{5-26}$$

当 $L\in[L_i,L_{i-1}]$ 时，$\mathrm{JTEC}_U(Q,L,k,m)$ 为 L 的凹函数。因此最优值 L 必定区间 $[L_i,L_{i-1}]$ 的端点。求 $\mathrm{JTEC}_U(Q,L,k,m)$ 最小值转变为求 $L=L_j,j=0,1,2,\cdots,n$ 时，式(5-25)的最小值，其中最小的一个即为最优库存策略。对式(5-25)分别求 Q、k、m 的一阶偏导，得到由式(5-27)、式(5-28)和式(5-29)组成的方程组(5B)。

$$\begin{cases}\dfrac{\partial\mathrm{JTEC}_U(Q,k,m)}{\partial Q}=0=-\dfrac{DA_B}{Q^2}+\dfrac{h_B}{2}-\dfrac{D\bar{\pi}\sigma\sqrt{L}G(k)}{Q^2}-\dfrac{D}{Q^2}R(L)\\ \qquad -\dfrac{DA_V}{mQ^2}+\dfrac{h_V}{2}\left[(2-m)\dfrac{D}{P}+m-1\right] & (5\text{-}27)\\ \dfrac{\partial\mathrm{JTEC}_U(Q,k,m)}{\partial k}=0=\sigma\sqrt{L}\left[h_B+h_B(1-\beta)G'(k)+\dfrac{D\bar{\pi}G'(k)}{Q}\right] & (5\text{-}28)\\ \dfrac{\partial\mathrm{JTEC}_U(Q,k,m)}{\partial m}=0=-\dfrac{DA_V}{m^2Q}+\dfrac{Qh_V}{2}\left(1-\dfrac{D}{P}\right) & (5\text{-}29)\end{cases}$$

由式(5-28)和式(5-29)可以求得：

$$\frac{1}{2}\left(\frac{k}{\sqrt{k^2+1}}-1\right)=-\frac{h_B}{h_B(1-\beta)+\dfrac{D\bar{\pi}}{Q}} \tag{5-30}$$

$$m=\frac{1}{Q}\sqrt{\frac{2DA_VP}{h_V(P-D)}} \tag{5-31}$$

由式(5-30)和 $k\in[0,\infty)$，知方程组(5B)的解满足 $Q\in\left(0,\dfrac{D\bar{\pi}}{h_B(1+\beta)}\right]$。对于任意给定的正实数 $Q\in\left(0,\dfrac{D\bar{\pi}}{h_B(1+\beta)}\right]$，可以

采用如下方法判断 Q 是否为方程组(5B) 的解。

(1) 定义一个函数 $F_U(Q)$,函数 $F_U(Q)$ 的值可由步骤(2)、(3)和(4) 得到。

(2) 由式(5-31) 算得唯一 m 值,由式(5-30) 算得唯一 k 值。

(3) 将 Q、m 和 k 的值代入式(5-27),算得 $F_U(Q)=\dfrac{\partial \mathrm{JTEC}_U(Q,L,k,m)}{\partial Q}$ 的值。

(4) 当且仅当 $F_U(Q)=0$ 时,(Q,k) 为方程组(5B) 的解。

命题5-3　当 $Q\in\left(0,\dfrac{D\bar{\pi}}{h_B(1+\beta)}\right]$ 时,$F_U(Q)$ 为单调递增函数。

证明:对于任意 $Q_1>Q_2$,由式(5-30) 得,$0\leqslant k_1\leqslant k_1$。将式(5-31) 代入式(5-27) 得:

$$\frac{\partial \mathrm{JTEC}(Q,L,k,m)}{\partial Q}=-\frac{DA_B}{Q^2}+\frac{h_B}{2}-\frac{D\bar{\pi}\sigma\sqrt{L}G(k)}{Q^2}-\frac{D}{Q^2}R(L)+\frac{h_V}{2}\left(2\frac{D}{P}-1\right)\tag{5-32}$$

由式(5-28) 可得:

$$Q=-\frac{D\bar{\pi}G'(k)}{h_B+(1-\beta)h_BG'(k)}\tag{5-33}$$

所以$\dfrac{D(k)}{Q^2}=\dfrac{h_B^2[1+(1-\beta)G'(k)]^2G(k)}{[D\bar{\pi}G'(k)]^2}$,由式(3-45) 知$\dfrac{G(k)}{Q^2}$为 k 的单调递增函数,由 $k_1<k_2$ 得:

$$\frac{G(k_1)}{Q_1^2}<\frac{G(k_2)}{Q_2^2}\tag{5-34}$$

由 $Q_1>Q_2$ 和式(5-34) 得 $F_U(Q_1)>F_U(Q_2)$,即 $F_U(Q)$ 为单调递增函数。证毕。

命题5-4　若给定提前期 L 时,方程组(5B) 存在唯一解(Q_0,k_0,m_0),则(Q_0,k_0,m_0) 为全局最小值。

证明:求式(5-25) 的 Hessian 矩阵行列式值得:

$$|H_{11}|=\frac{2D}{Q^3}\cdot\left[A_B+\bar{\pi}\sigma\sqrt{L}G(k)+R(L)+\frac{A_V}{m}\right]>0\tag{5-35}$$

$$|H_{22}| = \frac{D^2\bar{\pi}\sigma\sqrt{L}}{Q^4}\left\{2\left[A_B + \bar{\pi}\sigma\sqrt{L}G(k) + R(L) + \frac{A_V}{m}\right]G''(k) - \bar{\pi}\sigma\sqrt{L}[G'(k)]^2\right\} > 0 \tag{5-36}$$

$$|H_{33}| = \frac{2D^3A_V\bar{\pi}\sigma\sqrt{L}}{Q^5m^3}\left\{2\left[A_B + \bar{\pi}\sigma\sqrt{L}G(k) + R(L) + \frac{A_V}{m}\right]G''(k) - \bar{\pi}\sigma\sqrt{L}[G'(k)]^2\right\} - \left[\frac{DA_V}{m^2Q^2} + \frac{h_V}{2}\left(1 - \frac{D}{P}\right)\right]^2 \cdot \left[\frac{D\bar{\pi}\sigma\sqrt{L}G''(k)}{Q}\right] \tag{5-37}$$

又在(Q_0,k_0,m_0)点,$m_0 = \frac{1}{Q_0}\sqrt{\frac{2DA_VP}{h_V(P-D)}}$,代入式(5-37)得$|H_{33}| > 0$。由式(5-35)、式(5-36)和式(5-37)得到,在(Q_0,k_0,m_0)点$\mathrm{JTEC}_U(Q,k,m)$的Hessian矩阵正定。因此若给定提前期L时,方程组(5B)存在唯一解(Q_0,k_0,m_0),则(Q_0,k_0,m_0)为全局最小值。证毕。

类似于定理5-1的证明,可以得到定理5-2。

定理5-2 给定提前期L时,存在唯一的最优库存策略(订货量Q、安全系数k和运输批次m),使连续盘点时的年总成本$\mathrm{JTEC}_U(Q,L,k,m)$(见式(5-25))最小。且当方程组(5B)存在唯一一组解时,则这组解和提前期L即为最优库存策略;若方程组(5B)无解时,则最优库存策略满足$k=0$。

求解算法(5B):

步骤1 对每一个$L = L_i, i = 1,2,\cdots,n$重复步骤(2)到(5)。

步骤2 首先令$Q_0 = 0$和$Q_1 = \frac{D\bar{\pi}}{h_B(1+\beta)}$。若$F_U(Q_1) \leqslant 0$,则方程组(5B)无解。令$k=0$,然后由式(5-27),式(5-29)算出最优库存策略$(Q,L_i,m,k=0)$。若$F_U(Q_1) > 0$,则转到步骤(3)。

步骤3 令$Q^* = \frac{Q_0 + Q_1}{2}$,计算判定函数$F_U(Q^*)$,如果$F_U(Q^*)$

$\leqslant 0$,则令 $Q_0 = Q^*$,否则令 $Q_1 = Q^*$。若 $\left(\frac{1}{Q_0} - \frac{1}{Q_1}\right)\sqrt{\frac{2DA_V P}{h_V(P-D)}} \leqslant 1$,则转到步骤(4),否则继续重复步骤(3)。

步骤 4　分别令 m^- 为小于 $\frac{1}{Q_1}\sqrt{\frac{2DA_V P}{h_V(P-D)}}$ 的最大整数,m^+ 为大于 $\frac{1}{Q_0}\sqrt{\frac{2DA_V P}{h_V(P-D)}}$ 的最小整数。若 m^-,m^+ 之间存在整数,记为 $m^\#$($m^\#$ 可以不存在),将 m^-、m^+、$m^\#$ 分别代入方程组(5B),由式(5-27)和式(5-28)重新求解 Q,k。将三次计算的结果代入式(5-25),年总成本最小的一个即为 $L = L_i$ 时最优库存策略 Q、k、m 值。最优订货点为最接近 $DL + k\sigma\sqrt{L}$ 的整数。

步骤 5　将每一对(Q_i,L_i,k_i,m_i)代入式(5-25),其中使年总成本最小的一组(Q_i,L_i,k_i,m_i),即为最优解。

5.2　提前期成本为幂函数时的库存模型

本节考虑提前期成本为幂函数,考虑 $R(L) = CL^{-\theta}, \theta > 0$。当提前期需求为正态分布或分布未知时,求解最优订货量、安全系数、运输批次和提前期使总成本最小。

5.2.1　提前期需求为正态分布

考虑当提前期需求为正态分布,且提前期成本为 $R(L) = CL^{-\theta}$, $\theta > 0$ 时,其余假设和 6.1.1 节相同,类似式(5-4)的推导得年总成本为:

$$\begin{aligned}\mathrm{JTEC}(Q,L,k,m) = {} & \frac{DA_B}{Q} + h_B\left[\frac{Q}{2} + k\sigma\sqrt{L} + (1-\beta)\sigma\sqrt{L}\psi(k)\right] \\ & + \frac{D\bar{\pi}\sigma\sqrt{L}\psi(k)}{Q} + \frac{CD}{Q}L^{-\theta} \\ & + \frac{DA_V}{mQ} + \frac{Qh_V}{2}\left[(2-m)\frac{D}{P} + m - 1\right]\end{aligned} \tag{5-38}$$

命题 5-5 对于给定的 Q、k、m，最优提前期 L 为：

$$L^{*} = \left\{\frac{\sigma Q}{2\theta CD}\left[h_{B}k + (1-\beta)h_{B}\psi(k) + \frac{D\bar{\pi}\psi(k)}{Q}\right]\right\}^{-\frac{2}{2\theta+1}} \tag{5-39}$$

证明：求式(5-38)关于 L 的一阶偏导得：

$$\frac{\partial \mathrm{JTEC}(Q,L,k,m)}{\partial L} = \frac{1}{2\sqrt{L}}\left\{h_{B}k\sigma + h_{B}(1-\beta)\sigma\psi(k) + \frac{D\bar{\pi}\sigma\psi(k)}{Q} - \frac{2\theta CD}{Q}L^{-\theta-\frac{1}{2}}\right\} \tag{5-40}$$

令式(5-40)值为零，求解 L 得：

$$L^{*} = \left\{\frac{\sigma Q}{2\theta CD}\left[h_{B}k + (1-\beta)h_{B}\psi(k) + \frac{D\bar{\pi}\psi(k)}{Q}\right]\right\}^{-\frac{2}{2\theta+1}} \tag{5-41}$$

$Q,k,\psi(k)$ 均为正数，由式(5-40)知，当 $0 < L < L^{*}$ 时，$\frac{\partial \mathrm{JTEC}(Q,L,k,m)}{\partial L} < 0$，$\mathrm{JTEC}(Q,L,k,m)$ 为 L 的严格递减函数。当 $L > L^{*}$ 时，$\mathrm{JTEC}(Q,L,k,m)$ 为 L 的严格递增函数，所以对于给定的 Q、k，当 $L = L^{*}$ 时，$\mathrm{JTEC}(Q,L,k,m)$ 取最小值。证毕。

将式(5-39)代入式(5-38)得：

$$\mathrm{JTEC}(Q,L,k,m) = Q^{-\frac{1}{2\theta+1}} \cdot \left[hk + (1-\beta)h\psi(k) + \frac{D\bar{\pi}\psi(k)}{Q}\right]^{\frac{2\theta}{2\theta+1}} \cdot V + \frac{DA_{V}}{mQ} + \frac{Qh_{V}}{2}\left[(2-m)\frac{D}{P} + m - 1\right] + \frac{DA_{B}}{Q} + \frac{h_{B}Q}{2} \tag{5-42}$$

这里 $V = \sigma^{\frac{2\theta}{2\theta+1}} \cdot (CD)^{\frac{1}{2\theta+1}} \cdot \left[(2\theta)^{\frac{1}{2\theta+1}} + (2\theta)^{\frac{2\theta}{2\theta+1}}\right] > 0$。对式(5-42)求 Q、k、m 的一阶偏导，得到由式(5-43)、式(5-44)和式(5-45)组成的方程组(5C)。

$$\begin{cases}\dfrac{\partial \mathrm{JTEC}(Q,k,m)}{\partial Q}=0=-\dfrac{DA_B}{Q^2}+\dfrac{h_B}{2}-\dfrac{1}{2\theta+1} \\ \cdot\left[h_Bk+(1-\beta)h_B\psi(k)+\dfrac{D\bar{\pi}\psi(k)}{Q}\right]^{\frac{2\theta}{2\theta+1}}\cdot Q^{-\frac{2\theta+2}{2\theta+1}}\cdot V \\ -\dfrac{2\theta}{2\theta+1}\left\{Q\cdot\left[h_Bk+(1-\beta)h_B\psi(k)+\dfrac{D\bar{\pi}\psi(k)}{Q}\right]\right\}^{-\frac{2\theta}{2\theta+1}} \\ \cdot\dfrac{VD\bar{\pi}\psi(k)}{Q^2}-\dfrac{DA_V}{mQ^2}+\dfrac{h_V}{2}\left[(2-m)\dfrac{D}{P}+m-1\right] \qquad (5\text{-}43) \\ \dfrac{\partial \mathrm{JTEC}(Q,k,m)}{\partial k}=0=\dfrac{2\theta}{2\theta+1}Q^{-\frac{1}{2\theta+1}}\cdot\left[h_Bk+(1-\beta)h_B\psi(k)\right. \\ \left.+\dfrac{D\bar{\pi}\psi(k)}{Q}\right]^{-\frac{1}{2\theta+1}}\times\left[h_B+(1-\beta)h_B\psi'(k)+\dfrac{D\bar{\pi}\psi'(k)}{Q}\right]V \qquad (5\text{-}44) \\ \dfrac{\partial \mathrm{JTEC}(Q,k,m)}{\partial m}=0=-\dfrac{DA_V}{m^2Q}+\dfrac{Qh_V}{2}\left(1-\dfrac{D}{P}\right) \qquad (5\text{-}45)\end{cases}$$

由式(5-45) 求得：

$$m=\frac{1}{Q}\sqrt{\frac{2DA_VP}{h_V(P-D)}} \tag{5-46}$$

将式(5-46) 代入式(5-43) 并化简得：

$$\begin{aligned}\frac{\partial \mathrm{JTEC}(Q,k)}{\partial Q}=0=&-\frac{DA_B}{Q^2}+\frac{h_B}{2}-\left[h_Bk+(1-\beta)h_B\psi(k)\right. \\ &\left.+\frac{D\bar{\pi}\psi(k)}{Q}\right]^{\frac{2\theta}{2\theta+1}}\times\frac{1}{2\theta+1}Q^{-\frac{2\theta+2}{2\theta+1}}V-\frac{VD\bar{\pi}\psi(k)}{Q^2}+\frac{h_V}{2}\left(\frac{2D}{P}-1\right)\times \\ &\frac{2\theta}{2\theta+1}\left\{Q\cdot\left[h_Bk+(1-\beta)h_B\psi(k)+\frac{D\bar{\pi}\psi(k)}{Q}\right]\right\}^{-\frac{1}{2\theta+1}}\end{aligned} \tag{5-47}$$

对于任意给定的正实数 Q,可以采用如下方法判断 Q 是否为方程组(5C) 的解。

式(5-44) 等价于：

$$\psi'(k)=\Phi(k)-1=\frac{-h_B}{(1-\beta)h_B+\dfrac{D\bar{\pi}}{Q}} \tag{5-48}$$

由式(5-48)和 $k\in[0,\infty)$,知方程组(5C)的解满足 $Q\in\left(0,\dfrac{D\bar{\pi}}{h(1+\beta)}\right]$。可以通过如下方法判断给定 Q 是否为方程组(5C)的解。

(1) 定义一个判定函数 $F(Q)$,函数 $F(Q)$ 的值由步骤(2)和步骤(3)得到。

(2) 将 Q 代入式(5-48)得到 $\Phi(k)$ 的值,查正态分布表得到唯一的 k 值。

(3) 将 Q 和 k 的值代入式(5-47)得到函数 $F(Q)$ 的值。

(4) 当且仅当 $F(Q)=0$ 时,(Q,k) 和式(5-46)算得的 m 为方程组(5C)的解。

命题5-6 当 $Q\in\left(0,\dfrac{D\bar{\pi}}{h_B(1+\beta)}\right]$ 时,函数 $F(Q)$ 为单调递增函数。

证明:式(5-48)和式(3-9)等价,式(5-47)比式(3-7)多一常数项 $\dfrac{h_V}{2}\left(\dfrac{2D}{P}-1\right)$。式(3-7)为单调递增函数,所以式(5-47)也为单调递增函数。证毕。

命题5-7 若方程组(5C)存在唯一解 (Q_0,k_0,m_0),则 (Q_0,k_0,m_0) 为式(5-42)的全局最小值。

证明:令函数 $S(Q,k)=Q^{-\lambda}\cdot Z(Q,k)^{1-\lambda}$。其中 $Z(Q,k)=k+g\cdot\psi(k)+\dfrac{n\cdot\psi(k)}{Q}$,$\lambda=\dfrac{1}{2\theta+1}$,$g=1-\beta$,$n=\dfrac{D\bar{\pi}}{h_BQ}$,$q=h^{1-\lambda}V$。则有

$$\mathrm{JTEC}(Q,k,m)=q\cdot S(Q,k)+\frac{DA}{Q}+\frac{h_BQ}{2}+\frac{DA_V}{mQ}+\frac{Qh_V}{2}\left[(2-m)\frac{D}{P}+m-1\right]。$$

求 JTEC(Q,k,m) 对 Q、k、m 的偏导:

$$\frac{\partial^2 \mathrm{JTEC}(Q,k,m)}{\partial Q^2} = q \cdot \frac{\partial^2 S(Q,k)}{\partial Q^2} + \frac{2DA_B}{Q^3} + \frac{2DA_V}{mQ^3} \tag{5-49}$$

$$\frac{\partial^2 \mathrm{JTEC}(Q,k)}{\partial k^2} = q \cdot \frac{\partial^2 S(Q,k)}{\partial k^2} \tag{5-50}$$

$$\frac{\partial^2 \mathrm{JTEC}(Q,k,m)}{\partial m^2} = \frac{2DA_V}{m^3 Q} \tag{5-51}$$

$$\frac{\partial^2 \mathrm{JTEC}(Q,k,m)}{\partial Q \partial k} = q \cdot \frac{\partial^2 S(Q,k)}{\partial Q \partial k} \tag{5-52}$$

$$\frac{\partial^2 \mathrm{JTEC}(Q,k,m)}{\partial Q \partial m} = \frac{DA_V}{m^2 Q^2} + \frac{h_V}{2}\left(1 - \frac{D}{P}\right) \tag{5-53}$$

$$\frac{\partial^2 \mathrm{JTEC}(Q,k,m)}{\partial k \partial m} = 0 \tag{5-54}$$

应注意到这里 $S(Q,k)$ 和命题3-6中 $S(Q,k)$ 定义一致且均满足 $\frac{\partial S(Q_0,k_0)}{\partial k} = 0$。类似于命题3-3的推导，在 (Q_0,k_0,m_0) 点有：

$$|H_{11}| = q \cdot \frac{\partial^2 S(Q,k)}{\partial Q^2} + \frac{2DA_B}{Q^3} + \frac{2DA_V}{mQ^3} > 0 \tag{5-55}$$

$$|H_{22}| = q^2 \left\{ \frac{\partial^2 S(Q,k)}{\partial Q^2} \cdot \frac{\partial^2 S(Q,k)}{\partial k^2} - \left[\frac{\partial^2 S(Q,k)}{\partial Q \partial k}\right]^2 \right\} + q\left(\frac{2DA_B}{Q^3} + \frac{2DA_V}{mQ^3}\right) \cdot \frac{\partial^2 S(Q,k)}{\partial k^2} > 0 \tag{5-56}$$

$$|H_{33}| = \frac{2DA_V}{m^3 Q}\left\{ q^2 \left[\frac{\partial^2 S(Q,k)}{\partial Q^2} \cdot \frac{\partial^2 S(Q,k)}{\partial k^2} - \left(\frac{\partial^2 S(Q,k)}{\partial Q \partial k}\right)^2\right] + q\left(\frac{2DA_B}{Q^3} + \frac{2DA_V}{mQ^3}\right)\frac{\partial^2 S(Q,k)}{\partial k^2} \right\} - \left[\frac{DA_V}{m^2 Q^2} + \frac{h_V}{2}\left(1 - \frac{D}{P}\right)\right]^2 q \cdot \frac{\partial^2 S(Q,k)}{\partial k^2} \tag{5-57}$$

又在 (Q_0,k_0,m_0) 点，$m_0 = \frac{1}{Q_0}\sqrt{\frac{2DA_V P}{h_V(P-D)}}$，代入式(5-57)得 $|H_{33}| > 0$。由式(5-55)、式(5-56)和式(5-57)得，在 (Q_0,k_0,m_0) 点 $\mathrm{JTEC}(Q,k,m)$ 的Hessian矩阵正定。若方程组(5C)存在唯一解

(Q_0, k_0, m_0),则(Q_0, k_0, m_0)为全局最小值。证毕。

定理 5-3 存在唯一的最优库存策略(订货量 Q、安全系数 k 和运输批次 m),使连续盘点时的年总成本 JTEC(Q, L, k, m)(见式(5-38))最小。且当方程组(5C)存在唯一一组解时,则这组解和式(5-39)求得的 L 即为最优库存策略;若方程组(5C)无解时,则最优库存策略满足 $k = 0$。

证明:给定提前期 L 时,由命题 5-6,判定函数 $F(Q)$ 为单调递增函数,方程组(5C)最多只有一组正实数解(Q_0, k_0, m_0)。若方程解(5C)存在,由命题 5-7 的证明知,该点为全局最小值点。因此最优运输批次 m 为最接近 m_0 的整数,代入方程组(5C)中重新求解 Q、k 和式(5-39)求得 L 即为最优库存策略。又若方程组无解时,当 $Q \to \infty$, $Q \to 0$, $m \to \infty$, $m \to 0$, $k \to \infty$ 时,JTEC(Q, L, k, m)的值均趋近于无穷。因此最优库存策略满足 $k = 0$。由式(5-39)、式(5-43)和式(5-45)可以求得最优库存策略 Q、m 和 L 的值。证毕。

求解算法(5C):

步骤 1 首先令 $Q_0 = 0$ 和 $Q_1 = \dfrac{D\bar{\pi}}{h_B(1+\beta)}$。若 $F(Q_1) \leqslant 0$,则方程组(5C)无解。令 $k = 0$,然后由式(5-39)、式(5-43)、式(5-45)算出最优库存策略$(Q, L, m, k = 0)$。若 $F(Q_1) > 0$,则转到步骤(2)。

步骤 2 令 $Q^* = \dfrac{Q_0 + Q_1}{2}$,计算判定函数 $F(Q^*)$,如果 $F(Q^*) \leqslant 0$ 则令 $Q_0 = Q^*$,否则令 $Q_1 = Q^*$。若 $\left(\dfrac{1}{Q_0} - \dfrac{1}{Q_1}\right)\sqrt{\dfrac{2DA_VP}{h_V(P-D)}} \leqslant 1$,则转到步骤(3),否则继续重复步骤(2)。

步骤 3 分别令 m^- 为小于$\dfrac{1}{Q_1}\sqrt{\dfrac{2DA_VP}{h_V(P-D)}}$的最大整数,$m^+$ 为大于$\dfrac{1}{Q_0}\sqrt{\dfrac{2DA_VP}{h_V(P-D)}}$的最小整数。若 m^-, m^+ 之间存在整数,记为 $m^\#$($m^\#$ 可以不存在),将 m^-, m^+, $m^\#$ 分别代入方程组(5C),重新求解

式(5-43)、式(5-44),并由式(5-39)求得L。将三次计算的结果代入式(5-38),年总成本最小的一个即为最优库存策略Q、L、k、m值。最优订货点为最接近$DL+k\sigma\sqrt{L}$的整数。

5.2.2　提前期需求分布未知

考虑当提前期需求分布未知,且提前期成本为$R(L)=CL^{-\theta}$,$\theta>0$时,其余假设和6.1.2节相同,类似于式(5-4)的推导,得到年总成本为:

$$\mathrm{JTEC}_U(Q,L,k,m)=\frac{DA_B}{Q}+h_B\left[\frac{Q}{2}+k\sigma\sqrt{L}+(1-\beta)\sigma\sqrt{L}G(k)\right]+\frac{D\bar{\pi}\sigma\sqrt{L}G(k)}{Q}+\frac{CD}{Q}L^{-\theta}+\frac{DA_V}{mQ}+\frac{Qh_V}{2}\left[(2-m)\frac{D}{P}+m-1\right] \tag{5-58}$$

类似于命题5-5的证明,可以得到命题5-8。

命题5-8　对于给定的Q、k、m,最优提前期L为:

$$L^*=\left\{\frac{\sigma Q}{2\theta CD}\left[h_Bk+(1-\beta)h_BG(k)+\frac{D\bar{\pi}G(k)}{Q}\right]\right\}^{\frac{2}{2\theta+1}} \tag{5-59}$$

将式(5-59)代入式(5-58)中:

$$\mathrm{JTEC}_U(Q,k,m)=\frac{DA}{Q}+\frac{h_BQ}{2}+\frac{DA_V}{mQ}+\frac{Qh_V}{2}\left[(2-m)\frac{D}{P}+m-1\right]+Q^{-\frac{1}{2\theta+1}}\cdot\left[hk+(1-\beta)hG(k)+\frac{D\bar{\pi}G(k)}{Q}\right]^{\frac{2\theta}{2\theta+1}}\cdot V \tag{5-60}$$

这里$V=\sigma^{\frac{2\theta}{2\theta+1}}\cdot(CD)^{\frac{1}{2\theta+}}\cdot\left[(2\theta)^{\frac{1}{2\theta+1}}+(2\theta)^{\frac{2\theta}{2\theta+1}}\right]>0$。

对式(5-60)求Q、k、m的一阶偏导,得到由式(5-61)、式(5-62)和式(5-63)组成的方程组(5D)。

$$\begin{cases}\dfrac{\partial \mathrm{JTEC}_U(Q,k,m)}{\partial Q}=0=-\dfrac{DA_B}{Q^2}+\dfrac{h_B}{2}-\dfrac{1}{2\theta+1}\cdot\left[h_Bk+(1-\beta)h_BG(k)+\dfrac{D\bar{\pi}G(k)}{Q}\right]^{\frac{2\theta}{2\theta+1}}\cdot Q^{-\frac{2\theta+2}{2\theta+1}}\cdot V-\dfrac{2\theta}{2\theta+1}\left\{Q\cdot\left[h_Bk+(1-\beta)h_BG(k)+\dfrac{D\bar{\pi}G(k)}{Q}\right]\right\}^{-\frac{1}{2\theta+1}}\cdot\dfrac{VD\bar{\pi}G(k)}{Q^2}-\dfrac{DA_V}{mQ^2}+\dfrac{h_V}{2}\left[(2-m)\dfrac{D}{P}+m-1\right] & (5\text{-}61)\\ \dfrac{\partial \mathrm{JTEC}_U(Q,k,m)}{\partial k}=0=\dfrac{2\theta}{2\theta+1}Q^{-\frac{1}{2\theta+1}}\cdot\left[h_Bk+(1-\beta)h_BG(k)+\dfrac{D\bar{\pi}G(k)}{Q}\right]^{-\frac{1}{2\theta+1}}\times\left[h_B+(1-\beta)h_BG'(k)+\dfrac{D\bar{\pi}G'(k)}{Q}\right]V & (5\text{-}62)\\ \dfrac{\partial \mathrm{JTEC}_U(Q,L,k,m)}{\partial m}=0=-\dfrac{DA_V}{m^2Q}+\dfrac{Qh_V}{2}\left(1-\dfrac{D}{P}\right) & (5\text{-}63)\end{cases}$$

由式(5-63) 解得：

$$m=\frac{1}{Q}\sqrt{\frac{2DA_VP}{h_V(P-D)}} \tag{5-64}$$

将式(5-64) 代入式(5-61) 并化简得：

$$\frac{\partial \mathrm{JTEC}_U(Q,k)}{\partial Q}=0=\frac{h_B}{2}-\left[h_Bk+(1-\beta)h_BG(k)+\frac{D\bar{\pi}G(k)}{Q}\right]^{\frac{2\theta}{2\theta+1}}\frac{1}{2\theta+1}Q^{-\frac{2\theta+2}{2\theta+1}}V-\left\{Q\cdot\left[h_Bk+(1-\beta)h_BG(k)+\frac{D\bar{\pi}G(k)}{Q}\right]\right\}^{-\frac{1}{2\theta+1}}\times\frac{2\theta}{2\theta+1}\cdot\frac{VD\bar{\pi}G(k)}{Q^2}+\frac{h_V}{2}\left(\frac{2D}{P}-1\right)-\frac{DA_B}{Q^2} \tag{5-65}$$

对于任意给定的正实数 Q,可以采用如下方法判断 Q 是否为方程组(5D) 的解。

式(5-62) 等价于：

$$G'(k)=\frac{1}{2}\left(\frac{k}{\sqrt{k^2+1}}-1\right)=\frac{-h_B}{(1-\beta)h_B+\frac{D\bar{\pi}}{Q}} \tag{5-66}$$

由式(5-62) 和 $k\in[0,\infty)$,知方程组(5D) 的解满足 $Q\in\left(0,\frac{D\bar{\pi}}{h_B(1+\beta)}\right]$。可以通过如下方法判断给定 Q 是否为方程组(5D) 的解。

(1) 定义一个判定函数 $F_U(Q)$,函数 $F_U(Q)$ 的值由步骤(2) 和(3) 得到。

(2) 将 Q 代入式(5-66) 得到唯一的 k 的值。

(3) 将 Q 和 k 的值代入式(5-65) 得到函数 $F_U(Q)$ 的值。

(4) 当且仅当 $F_U(Q)=0$ 时,(Q,k) 和式(5-64) 算得的 m 为方程组(5D) 的解。

式(5-66) 和式(3-39) 等价,式(5-65) 比式(3-37) 多一常数项 $\frac{h_V}{2}\left(\frac{2D}{P}-1\right)$。式(3-37) 是单调递增函数,所以式(5-65) 也是单调递增函数,即得到命题 5-9。

命题5-9　当 $Q\in\left(0,\frac{D\bar{\pi}}{h(1+\beta)}\right]$ 时,函数 $F_U(Q)$ 为单调递增函数。

命题 5-10　若方程组(5D) 存在唯一解 (Q_0,k_0,m_0),则 (Q_0,k_0,m_0) 为式(5-60) 的全局最小值。

证明:令函数 $S_U(Q,k)=Q^{-\lambda}\cdot Z_U(Q,k)^{1-\lambda}$。其中 $Z_U(Q,k)=k+g\cdot G(k)+\frac{n\cdot G(k)}{Q}$,$\lambda=\frac{1}{2\theta+1}$,$g=1-\beta$,$n=\frac{D\bar{\pi}}{hQ}$,$q=h^{1-\lambda}V$。注意到这里 $S_U(Q,k)$ 和命题 3-6 中 $S_U(Q,k)$ 定义一致且 $\frac{\partial S_U(Q_0,k_0)}{\partial k}=0$ 均为零。所以在 (Q_0,k_0,m_0) 点:

$$|H_{11}|=q\cdot\frac{\partial^2 S_U(Q,k)}{\partial Q^2}+\frac{2DA_B}{Q^3}+\frac{2DA_V}{mQ^3}>0 \tag{5-67}$$

$$|H_{22}| = q^2\left\{\frac{\partial^2 S_U(Q,k)}{\partial Q^2}\cdot\frac{\partial^2 S_U(Q,k)}{\partial k^2} - \left[\frac{\partial^2 S_U(Q,k)}{\partial Q\partial k}\right]^2\right\}$$

$$+ q\left(\frac{2DA_B}{Q^3} + \frac{2DA_V}{mQ^3}\right)\cdot\frac{\partial^2 S_U(Q,k)}{\partial k^2} > 0 \tag{5-68}$$

$$|H_{33}| = \frac{2DA_V}{m^3 Q}\left\{q^2\left[\frac{\partial^2 S_U(Q,k)}{\partial Q^2}\cdot\frac{\partial^2 S_U(Q,k)}{\partial k^2} - \left(\frac{\partial^2 S_U(Q,k)}{\partial Q\partial k}\right)^2\right]\right.$$

$$\left. + q\left(\frac{2DA_B}{Q^3} + \frac{2DA_V}{mQ^3}\right)\frac{\partial^2 S_U(Q,k)}{\partial k^2}\right\}$$

$$- \left[\frac{DA_V}{m^2Q^2} + \frac{h_V}{2}\left(1 - \frac{D}{P}\right)\right]^2 q\cdot\frac{\partial^2 S_U(Q,k)}{\partial k^2} \tag{5-69}$$

在(Q_0,k_0,m_0)点，$m_0 = \frac{1}{Q_0}\sqrt{\frac{2DA_VP}{h_V(P-D)}}$，代入式(5-69)得$|H_{33}| > 0$。由式(5-67)、式(5-68)和式(5-69)得，在(Q_0,k_0,m_0)点$\mathrm{JTEC}_U(Q,k,m)$的Hessian矩阵正定。若方程组(5D)存在唯一解(Q_0,k_0,m_0)，则(Q_0,k_0,m_0)为全局最小值。证毕。

类似于定理5-3的证明，得到定理5-4。

定理5-4 存在唯一的最优库存策略(订货量Q、安全系数k和运输批次m)，使连续盘点时的年总成本$\mathrm{JTEC}_U(Q,k,m,L)$(见式(5-58)所示)最小。且当方程组(5D)存在唯一一组解时，则这组解和式(5-59)求得的L即为最优库存策略；若方程组(5D)无解时，则最优库存策略满足$k=0$。

求解算法(5D)：

步骤1 首先令$Q_0 = 0$和$Q_1 = \frac{D\bar{\pi}}{h_B(1+\beta)}$。若$F_U(Q_1) \leqslant 0$，则方程组(5D)无解。令$k=0$，然后由式(5-59)、式(5-61)和式(5-63)算出最优库存策略$(Q,L,m,k=0)$。若$F(Q_1) > 0$，则转到步骤2。

步骤2 令$Q^* = \frac{Q_0+Q_1}{2}$，计算判定函数$F_U(Q^*)$，如果$F_U(Q^*) \leqslant 0$则令$Q_0 = Q^*$，否则令$Q_1 = Q^*$。若$\left(\frac{1}{Q_0} - \frac{1}{Q_1}\right)\sqrt{\frac{2DA_VP}{h_V(P-D)}} \leqslant 1$，

则转到步骤3，否则继续重复步骤2。

步骤3　分别令 m^- 为小于$\frac{1}{Q_1}\sqrt{\frac{2DA_VP}{h_V(P-D)}}$的最大整数，$m^+$ 为大于$\frac{1}{Q_0}\sqrt{\frac{2DA_VP}{h_V(P-D)}}$的最小整数。若 m^-、m^+ 之间存在整数，记为 $m^\#$（$m^\#$ 可以不存在），将 m^-、m^+、$m^\#$ 分别代入方程(5D)，重新求解式(5-59)、式(5-61) 和式(5-62)。将三次计算的结果代入式(5-58)，年总成本最小的一个即为最优库存策略 Q、L、k、m 值。最优订货点为最接近 $DL+k\sigma\sqrt{L}$ 的整数。

5.3　敏感性分析

现在采用敏感性分析研究缩短提前期、多次运输、提前期需求分布和一体化决策对库存管理的影响，为了分析的简便和有意义，这里不考虑运输批次 m 的整数性，且不考虑边界点的情形。由于供需一体化模型判定函数比第三章中判定函数多一个常数项，因此采用类似于定理3-3 和定理3-4 的证明可以得到定理5-5、定理5-6，其中 L_0、L_1、L_2 的定义与定理3-3 中相同。

定理5-5　当提前期需求为正态分布或分布未知时，缩短提前期 L 时，最优库存策略都存在两个不同的变化阶段$[L_0,L_1]$，$[L_1,L_2]$，其中 $L_2>L_1>L_0$。当 $L\in[L_1,L_2]$ 时，随着提前期 L 的减少，订货量 Q 单调递减，安全系数 k 单调递增，运输批次 m 单调递增；当 $L\in[L_0,L_1]$ 时，随着提前期 L 的减少，订货量 Q 单调递增，安全系数 k 单调递减，运输批次 m 单调递减。当 $L>L_2$ 时方程组(5C) 和(5D) 无解。

定理5-5 说明，当 $L\in[L_0,L_1]$ 时，缺货损失减少超过提前期成本的增加，此时随着提前期的缩短，订货量减小，运输批次增大，使企业更具有柔性，而安全系数 k 增大，说明服务水平提高。但当 $L\in[L_0,L_1]$ 时，缺货损失减少小于提前期成本的增加，此时随着提前期的缩短,订货量增加,安全系数减少,运输批次减少。此时单位时间总成本仍然降低,但系统的柔性和服务水平降低。

定理 5-6 提前期需求分布未知与提前期需求正态分布相比,年总成本会增加,订货量会增加,提前期会缩短,运输批次会减少。

定理 5-6 说明在提前期需求分布未知时,在管理库存时,由于不知道具体的提前期需求分布,采用 MiniMax 方法时,年总成本会增加,订货量会增大,提前期会缩短,运输批次会减少。

定理 5-7 随着运输批次的增大,订货量会减少,安全系数会增加,提前期会增加。

证明:首先研究正态分布,考虑判定函数式(5-43)。当 m 增加时,判定函数 $F(Q)$ 值增加。因此随着运输批次 m 的增大,订货量 Q 会减少。相应的安全系数 k 会增加,提前期 L 会变长。当提前期需求分布未知时,类似的证明可以得到同样的结果。证毕。

定理 5-7 说明,当生产商采用多次运输方式时,可以减少每次的运输量。伴随着订货量 Q 的减少,提前期 L 会变长,安全系数 k 也会增加。

定理 5-8 一体化决策与分散决策相比,若 $P < 2D$,则订货量会减少,提前期会变长,安全系数和运输批次会增加。若 $P > 2D$,则订货量会增加,提前期会缩短,安全系数和运输批次减少。其变化幅度取决于 $\frac{h_V}{2}\left(\frac{2D}{P}-1\right)$ 的绝对值。

由于一体化判定函数比分散决策时(第三章的判定函数)多一常数项 $\frac{h_V}{2}\left(\frac{2D}{P}-1\right)$,易得定理 5-8 成立。当生产商接到订单生产时,生产完第一个批量 Q 后,立刻运输给顾客,然后等待时间 $\frac{Q}{D}$ 运送第二批。当生产率在 $D < P < 2D$ 时,生产率和市场需求接近,生产商愿意采用多次运输的方法,等待市场需求,每等待时间 $\frac{Q}{D}$ 就运送一批。生产商不承担每次的订货成本,倾向于多次运输,因此若 $P <$

$2D$,集中决策与分散决策相比,订货量会减少,提前期会变长,安全系数和运输批次会增加。而当生产率较高时,$P > 2D$,如果等待时间$\frac{Q}{D}$才运送一批货,就会积压过多的产品。生产商倾向于生产完后,一次运输全部产品给顾客,而不等待市场需求。即若$P > 2D$,集中决策与分散决策相比,订货量Q会增大,提前期L会缩短,安全系数k和运输批次m会减少。

5.4　数值算例

现有库存系统,其平均年总需求$D = 1200$件/年,零售商每次订货成本$A_B = 400$元,单位货物年存储费$h_B = 50$元,单位货物缺货损失$\pi = 200$元,单位流失顾客造成的利润损失$\pi_0 = 300$元,缺货时愿意等待的顾客比例$\beta = 0.5$,单位时间内提前期需求的标准差$\sigma = 14$件/周,提前期和提前期成本满足$R(L) = 500L^{-2}$,L单位为周。生产商生产速率$P = 3000$件/年,每次生产启动成本$A_V = 2000$元,单位货物年存储费$h_V = 30$元。表5-1和表5-2为详细的迭代求解步骤。表5-3为不同运输批次m下的结果。表5-4和表5-5为提前期需求为正态分布和分布未知时,一体化决策和分散决策的区别。

表5-1　　**计算的详细步骤(提前期需求为正态分布)**

迭代次数	1	2	3	4	5
订货量区间	[0,5600]	[0,2800]	[0,1400]	[0,700]	[0,350]
中点 $F(Q)$ 值	24.73	24.28	22.93	185.55	3.44
判定值	∞	∞	∞	∞	∞
迭代次数	6	7	最终 m 可能取值为:2,3,4		
订货量区间	[0,175]	[88,175]	m = 2,JTEC = 19411.81 元		
中点 $F(Q)$ 值	−50.61	−10.85	m = 3,JTEC = 19093.85 元		
判定值	2.91	0.96	m = 4,JTEC = 19261.80 元		

最小年总成本为 JTEC = 19093.85 元，订货量 $Q = 173$，提前期 $L = 2.32$ 周，安全系数 $k = 2.05$，运输批次 $m = 3$，订货点 $r = 75$。

表 5-2　　**计算的详细步骤(提前期需求分布未知)**

迭代次数	1	2	3	4	5
订货量区间	[0,5600]	[0,2800]	[0,1400]	[0,700]	[0,350]
中点 $F(Q)$ 值	24.62	23.81	21.20	12.59	−16.33
判定值	∞	∞	∞	∞	∞
迭代次数	6	最终 m 可能取值为:1,2 $m = 1$,JTEC = 23958.16 元 $m = 2$,JTEC = 22706.03 元			
订货量区间	[175,350]				
中点 $F(Q)$ 值	4.67				
判定值	0.49				

最小年总成本为 JTEC = 22706.03 元，订货量 $Q = 255$，提前期 $L = 1.41$ 周，安全系数 $k = 2.76$，运输批次 $m = 2$，订货点 $r = 55$。

表 5-3　　**提前期需求为正态分布或分布未知时，不同运输批次 m 时的结果**

	正态分布				未知分布			
m	年总成本	Q	L(周)	k	年总成本	Q	L(周)	k
1	21544.26	319.70	1.89	1.78	23958.16	355.92	1.32	2.30
2	19411.81	217.57	2.15	1.95	22706.03	254.67	1.41	2.76
3	19093.85	172.51	2.32	2.05	23040.68	208.14	1.47	3.08
4	19261.80	146.01	2.46	2.11	23746.45	179.77	1.51	3.33
5	19615.60	128.22	2.57	2.17	24565.26	160.14	1.55	3.53

表 5-4　　**提前期需求为正态分布，分散决策和集中决策的结果**

β	分散决策						一体化决策				
	年总成本	Q	L(周)	k	m	成本增加	年总成本	Q	L(周)	k	m
0	19270.39	161	2.33	2.21	3	38.73	19231.66	173	2.28	2.19	3
0.25	19208.38	161	2.35	2.15	3	38.53	19169.85	173	2.30	2.12	3
0.5	19132.17	161	2.38	2.07	3	38.32	19093.85	173	2.32	2.05	3
0.75	19033.96	161	2.42	1.97	3	38.14	18995.82	172	2.36	1.94	3
1	18897.42	161	2.47	1.83	3	38.05	18859.37	172	2.41	1.80	3

表 5-5　　**提前期需求分布未知，分散决策和集中决策的结果**

β	分散决策						一体化决策				
	年总成本	Q	L(周)	k	m	成本增加	年总成本	Q	L(周)	k	m
0	23684.85	246	1.32	3.42	2	36.13	23648.72	262	1.30	3.31	2
0.25	23256.23	240	1.37	3.17	2	50.85	23205.38	258	1.35	3.05	2
0.5	22777.28	233	1.43	2.89	2	71.25	22706.03	255	1.41	2.76	2
0.75	22228.93	226	1.52	2.58	2	100.44	22128.49	250	1.49	2.43	2
1	21576.09	216	1.64	2.19	2	144.48	21431.61	245	1.60	2.04	2

本章考虑提前期可控时，单一生产商和单一零售商协作制订生产和库存计划使年总成本最小的一体化库存模型。同时决策最优订货量、安全系数、提前期和运输批次使年总成本最小。由前面的分析和数值算例可知：

(1) 当单一生产商和单一零售协作制订生产库存计划时，提前期成本函数为分段线性函数时，当提前期需求为正态分布或分布未知时，都存在唯一的最优订货量、安全系数、提前期和运输批次使年总成本最小。本章改进 Ouyang 的枚举法算法为二分法算法。

(2) 当单一生产商和单一零售商协作制订生产库存计划时，提前期成本函数为幂函数时，提前期需求为正态分布或分布未知时，都存在唯一的最优订货量、安全系数、提前期和运输批次使年总成本最小。本章给出了二分法求解最优解，如表 5-1 和表 5-2 所示，二分法可以有效地求解最优解。

(3) 表5-3 显示，如定理5-7 所示，提前期需求为正态分布或分布未知时，随着运输批次的增加，订货量会减少，安全系数增加，提前期增加。

(4) 当生产商和零售商分散决策时，零售商首先根据自身情况确定最优订货量，然后生产商再根据零售商订货量大小决定自己一个生产周期内的运送批次。由于零售商自身的最优订货量不一定为全局最优订货量，因此分散决策的年总成本一定高于集中决策的年总成本。如表5-4 和表5-5 所示，正态分布下分散决策时零售商最优订货量为161，而集中决策时最优订货量为172 或173，因此集中决策可以节约 38.05 元至 38.73 元的成本。分布未知时一体化决策下可以节约 36.13 元至 144.48 元的成本。

(5) 由于$p > 2D$，由定理5-8 和表5-4 和表5-5 所示，集中决策与分散决策相比，订货量 Q 会增大，提前期 L 会缩短，安全系数 k 会减少。这里由于 m 取整数值，m 值不变。

5.5 小 结

本章考虑市场中存在单一生产商和单一零售商协作制订生产和库存计划使年总成本、提前期可控，存在顾客流失和押后订单的库存问题。同时决策最优订货量、安全系数、提前期和运输批次使供需双方的年总成本最小。所做的主要创新工作有：

(1) 指出 Ouyang 证明中的瑕疵，证明当提前期成本为分段线性函数时，提前期需求为正态分布或分布未知时，均存在唯一的全局最订货量、安全系数、提前期和运输批次使供需双方的年总成本最小。

并将 Ouyang 的枚举法算法改进为二分法法求解算法。

(2) 证明了当提前期成本函数为幂函数时,提前期需求为正态分布或分布未知时,存在唯一的全局最优订货量、安全系数、提前期和运输批次使供需双方年总成本最小,并给出了二分法求解最优解。

(3) 分析缩短提前期对库存策略的影响。证明当提前期需求为正态分布或分布未知时,缩短提前期 L 时,最优库存策略都存在两个不同的变化阶段$[L_0, L_1]$,$[L_1, L_2]$,其中 $L_2 > L_1 > L_0$。当 $L \in [L_1, L_2]$ 时,随着提前期 L 的减少,订货量 Q 单调递减,安全系数 k 单调递增,运输批次 m 单调递增;当 $L \in [L_0, L_1]$ 时,随着提前期 L 的减少,订货量 Q 单调递增,安全系数 k 单调递减,运输批次 m 单调递减。当 $L > L_2$ 时方程组(5C) 和(5D) 无解。

(4) 分析提前期需求分布对库存管理的影响,证明提前期需求分布未知与正态分布相比,年总成本会增加,订货量会增加,提前期会缩短,运输批次会减少。

(5) 分析运输批次对库存管理的影响。证明随着运输批次的增大,订货量会减少,安全系数会增加,提前期会增加。

(6) 分析了集中决策与分散决策的区别,证明了一体化决策与分散决策相比,若 $P < 2D$,则订货量会减少,安全系数,运输批次和提前期会增加。若 $P > 2D$,则订货量会增加,安全系数,运输批次和提前期会缩短。其变化幅度取决于$\frac{h_V}{2}\left(\frac{2D}{P} - 1\right)$的绝对值。

第六章　基于预测更新报童模型

供应链的目标是低成本和高效率地匹配供给和需求。然而在现实中有大量因素影响企业的供给和需求,如生产能力限制、物价的波动、汇率、罢工、气候变化等。因此供应链中企业供给和需求都是不确定。更糟糕的是企业订货之后货物不能立刻到达。企业从发出订单到收到货物这段时间称为提前期。如果提前期长度为一周,则企业就要预测未来一周的市场需求。如果提前期长度为一年,则企业生产计划的制订将非常困难,需要预测未来一年内的市场需求。

市场需求预测对供应链中每一个企业都十分重要,决定了每一个企业的生产计划、运输计划和库存计划。过去由于信息技术不完善,市场需求预测十分困难。然而随着计算机技术的不断提高,企业纷纷建立大型的数据库,互联网技术的迅猛的发展使得企业预测市场需求的能力得到提高。大量的资金投入企业信息化建设。市场需求预测对供应链中的每一个企业都变得越来越重要。然而预测的第一原则是预测始终是不准确的,无论预测的技术多么先进,真实的市场只有到销售实际发生时才知道。同时预测始终是有误差的,然而这种误差可以进行控制,预测的时间离销售实际发生的时间越近,预测的精度就越高。因此企业总希望订货的时刻越晚越好。实际中,企业也有多种方式缩短提前期,如工人加班、采用快速运输工具、改变作业流程和从距离较近的供应商采购等。然而这些措施必然导致成本增加,企业必须权衡究竟是选择较短的提前期还是较低的采购成本。因此企业在每一个时点都会做出如下决策:(1)更新市场需求预测;(2)检查库存状态;(3)决定是否订货;(4)确定订货量的大小。

许多学者研究了预测更新条件下的库存问题。如两周期模型，Swinney研究企业在第一个周期开始时，用较低的订货成本从正常供应商订货。然而企业对顾客的满意度并不了解，无法确定产品的真实销量和最优价格。接着在第一阶段结束后，企业对顾客的行为有所了解，得知顾客对产品的评价和购买意愿，并能够确定合适的价格。当市场需求预测信息更新后，第二个周期开始时，企业还有一次成本较高的紧急订货机会。Swinney分析了企业的订货策略，指出快速响应能够显著提高企业的收益。在此基础上，Cachon考虑第一个周期企业可以采用先进产品设计[157]。Krishnan分析了零售商和供应商协作制订生产计划等[158]。Sethi研究了多周期条件下的预测更新问题，企业可以通过正常和快速两种渠道订货[159]。正常渠道订货方式为周期盘点，采购成本较低。快速渠道采购成本较高，采用Basestock策略。Sethi等进一步考虑了系统中存在快速、中等快速和正常三种订货渠道的最优库存策略[160]。上述文献中，尽管企业有两种（正常，紧急）或三种（快速、中等快速和正常）的提前期长度选择，但提前期长度都为预先给定的常数或随机变量，即只考虑了有限的时间点上市场需求预测更新的情况，而没在整个计划时段内考虑市场需求预测过程变化对库存决策的影响。

目前大多数文章没有考虑，企业在每一时刻究竟是等待，以获得更多的市场信息还是立刻订货，使得采购成本较小。这也意味着企业有不同的提前期长度。和前面几章的内容不一样，本章将决策和预测过程紧密联系起来，提前期长度并不是缩短为一个固定值。本章中首先考虑预测更新条件下的报童模型，接着进一步考虑存在生产能力限制的问题。

6.1　预测更新条件下的报童模型

我们考虑一个单周期的报童模型。模型中有唯一的零售商，零售商向生产商订货,满足未来销售季节的市场需求。计划时段长为 $N+1$,计划时段的开始时刻为时刻1,时刻1到时刻 N 为企业的订货时刻。企业仅有一次订货机会,订货数量为 Q,在时刻 $N+1$,销售季节开始,真实的市场需求立刻产生。如果有足够的货物,则市场需求按销售价格 r 全部满足,多余的库存价值为零。如果货物数量小于市场需求,则销售 Q 单位的货物。未满足的市场需求全部丢失。不考虑折现影响(这些条件都很容易加入模型中,并且不改变问题性质和结论)。

企业连续不断地收集市场信息,对未来的市场需求做出预测。当在时点 i 采购时,采购的成本为 c_i,我们假定订货的时间越晚,提前期也就越短,相应的订货成本会更高,即 $c_1 < c_2 < \cdots < c_N$。

我们采用 a-mmfe 来描述市场需求的预测过程。在计划期 T 内取 $N+1$ 个时点,时点 $i=1,2,\cdots,N$ 分别代表订货决策的优化时间点。时间点 $N+1$ 代表销售季节的开始,即对应终点时间点 T,$N+1$ 个点将计划期分为 N 个时段,市场需求预测过程 $\{D_1,\cdots,D_{N+1}\}$ 为这 N 个时段上实现的随机变量。D_i 是预先给定的,ε_i,$i=1,2,\cdots,N$ 为各时段收集市场信息后,市场需求预测的调整量。调整量 ε_i 为均值为0,标准差为 σ_i 的正态分布,ε_i 相互独立且与当前的市场需求预测值无关。因此 $D_n = D_0 + \varepsilon_1 + \varepsilon_2 + \cdots + \varepsilon_n$。$D_{N+1}$ 为真实的市场需求。当前时点市场需求预测值为 D_{t_1} 时,未来时点 t_2 市场需求预测值 D_{t_2} 是一个概率分布,其概率密度函数和分布函数分别记为 $N(D_{t_2} \mid D_{t_1})$ 和 $NF(D_{t_2} \mid D_{t_1})$。预测过程具有性质 $N(D_{t_2} + x \mid D_{t_1} + 1) = N(D_{t_2} \mid D_{t_1})$。

从时刻1开始,企业不断地收集市场信息。在每一个时刻点都预测市场需求,决策究竟是在当前时刻立刻订货,以保持较低的订货成本;或者不订货,继续收集更多的市场信息,在未来能够更精确地订货。决策的规则是在现有信息条件下使总收益的期望最大。企业需要决策最优库存策略包括:(1) 企业在当前时刻是否订货的判断准则;(2) 企业的最优订货量 Q。

为了简便，我们引入如下符号：

$$\phi(x)=\frac{1}{\sqrt{2\pi}}e^{-\frac{x^2}{2}}$$

$$\Phi(x)=\int_{-\infty}^{x}\frac{1}{\sqrt{2\pi}}e^{-\frac{k^2}{2}}\mathrm{d}k$$

$$\psi(x)=\int_{x}^{\infty}\frac{(k-x)}{\sqrt{2\pi}}e^{-\frac{k^2}{2}}\mathrm{d}k$$

$$N(\mu,\sigma,x)=\frac{1}{\sqrt{2\pi}\,\sigma}e^{-\frac{(\mu-x)^2}{2\sigma^2}}$$

$$\widetilde{\sigma_i}=\sqrt{\sum_{j=i}^{N+1}\sigma_j^2}$$

$$z_i=\Phi^{-1}\left(1-\frac{c_i}{r}\right),n=1,2,\cdots,N$$

6.1.1　模型的建立

为了判断在当前时刻为任意时点 t 时，企业是否订货，我们引入两个函数。如果当前时点 t 必定订货，则总收益的期望为 $R_t(D_t)$，若当前时点不订货，则在未来所有可能的库存策略中总收益期望最大为 $ER_t(D_t)$。构造判定函数 $\lambda_t(D_t)=R_t(D_t)-ER_t(D_t)$，若 $\lambda_t(D_t)>0$，企业最优决策为订货，反之，当 $\lambda_t(D_t)\leqslant 0$ 时，企业的最优决策为不订货①。首先考虑 $R_t(D_t)$ 的形式，若确定在 t 时点订货，而不考虑未来可能的订货机会，问题简化为经典的报童模型。

$$\begin{aligned}R_t(D_t)&=r\min_{Q>0}(Q,D)-c_tQ-A_t\\&=r\left(\int_Q^{\infty}\frac{Q}{\sqrt{2\pi}\,\widetilde{\sigma}_i}e^{-\frac{(D-D_t)^2}{2\widetilde{\sigma}_i^2}}\mathrm{d}D+\int_0^Q\frac{D}{\sqrt{2\pi}\,\widetilde{\sigma}_i}e^{-\frac{(D-D_t)^2}{2\widetilde{\sigma}_i^2}}\mathrm{d}D\right)-c_tQ-A_t\end{aligned}\tag{6-1}$$

根据报童模型理论，最优的订货量为：

① $\lambda_t(D_t)=0$ 时，我们视为最优决策不订货。

$$F(Q^* \mid D_t) = \frac{r - c}{r} \tag{6-2}$$

因此确定在t时刻订货时,最优订货量为$\max(D_t + z_t\widetilde{\sigma}_t, 0)$。其中:

$$z_t = \Phi^{-1}\left(1 - \frac{c_t}{r}\right) \tag{6-3}$$

将式(6-3)代入式(6-1)并化简得:

$$R_t(D_t) = (r - c_t)D_t - A_t - r\widetilde{\sigma}_t\phi(z_t) \tag{6-4}$$

由式(6-3),z_t值与D_t无关,根据式(6-4)我们可以得到命题6-1。

命题6-1 当前时刻为t时,$R_t(D_t)$和最优订货量Q^*均为市场需求值预测值D_t的线性函数。其导数分别为$r - c_t$和1。

根据命题6-1,我们记$R_t(D_t) = (r - c_t)D_t + K_t$,$Q_t^* = D_t + J_t$,其中$K_t$、$J_t$与市场需求预测过程无关,而是由时间$t$确定的唯一常数,$K_t$、$J_t$均不为无穷。$K_t = -A_t - r\widetilde{\sigma}_t\phi(z_t)$,$J_t = z_t\widetilde{\sigma}_t$。由于订货量不能为负数,当$D_t \leqslant -J_t$时,最优订货量为0。此时仍然需要支付订货成本,因此$R_t(-J_t) \leqslant 0$,于是有命题6-2。

命题6-2 当$D_t \leqslant -J_t$时,零售商最优策略为不订货,且有$R_t(-J_t) \leqslant 0$。

由于市场需求预测值为随机变量,且随时间不断变化。相应的零售商订货时刻也依赖于预测过程的实现,即模型决策停止时刻也是随机的。因此我们的模型是一个较复杂的最优停止问题,据作者所知,没有通用的计算方法,将采用数学归纳法证明我们的结果。若当前时点$t = N$时,在此时刻零售商有最后一次订货机会。若不订货则未来收益为0,因此$ER(D_N) = 0$。$\lambda_N(D_N) = R_N(D_N)$。由命题6-1,$\lambda_N(D_N)$为线性单调递增函数,当必定存在唯一的$S_N = \frac{K_N}{r - c_N}$使得$\lambda(S_N) = 0$。于是有命题6-3。

命题6-3 零售商在时点N最优订货策略为,当市场需求预测

值 $D_N > S_N$ 时订货，当市场需求 $D_N \leqslant S_N$ 时不订货，其中 S_N 为一个与 D_N 无关的常数。

接下来考虑时点 $N-1$，根据命题6-1可得：

$$ER_{N-1}(D_{N-1}) = \int_{S_N}^{\infty} ((r - c_N) D_N + K_N) \cdot \frac{1}{\sqrt{2\pi}\,\sigma_{N-1}} e^{-\frac{(D_N - D_{N-1})^2}{2\sigma_{N-1}^2}} \mathrm{d}D_N \tag{6-5}$$

由命题6-2可得 $ER_{N-1}(D_{N-1}) > 0$。利用性质 $N(D_{N-1} + D_N \mid D_N) = N(D_{N-1} \mid 0)$，可得：

$$ER_{N-1}(D_{N-1}) = \int_{S_N - D_{N-1}}^{\infty} ((r - c_N)(D_N + D_{N-1}) + K_N) \frac{1}{\sqrt{2\pi}\,\sigma_{N-1}} e^{\frac{(D_N - D_{N-1})^2}{2\sigma_{N-1}^2}} \mathrm{d}D_N \tag{6-6}$$

对式(6-6)求导，利用含参数积分函数求导法则得：

$$ER_{N-1}{}'(D_{N-1}) = (r - c_N) \int_{S - D_{N-1}}^{\infty} \frac{1}{\sqrt{2\pi}\,\sigma_{N-1}} e^{-\frac{(D_N - D_{N-1})^2}{2\sigma_{N-1}^2}} \mathrm{d}D_N + ((r - c_N) S_N + K_N) \frac{1}{\sqrt{2\pi}\,\sigma_{N-1}} e^{-\frac{(S_N - D_{N-1})^2}{2\sigma_{N-1}^2}} \tag{6-7}$$

式(6-7)中，$\int_{S - D_{N-1}}^{\infty} \frac{1}{\sqrt{2\pi}\,\sigma_{N-1}} e^{\frac{(D_N - D_{N-1})^2}{2\sigma_{N-1}^2}} \mathrm{d}D_N \leqslant \int_{-\infty}^{\infty} \frac{1}{\sqrt{2\pi}\,\sigma_{N-1}} e^{-\frac{(D_N - D_{N-1})^2}{2\sigma_{N-1}^2}} \mathrm{d}D_N = 1$。根据命题6-2，$((r - c_N) S_N + K_N)$ 第二项值为零。因此 $ER'_{N-1}(D_{N-1}) < (r - c_N)$。结合命题6-1有：

$$\lambda_{N-1}{}'(D_{N-1}) = R'(D_{N-1}) - ER'(D_{N-1}) \geqslant c_N - c_{N-1} > 0 \tag{6-8}$$

$\lambda_{N-1}(D_{N-1})$ 为单调递增函数，我们只要证明 $\lim\limits_{D_{N-1} \to \infty} \lambda_{N-1}(D_{N-1}) = \infty$ 和 $\lambda_{N-1}(-J_{N-1}) < 0$，则命题6-2对时点 $N-1$ 也成立。由 $\lambda_{N-1}(D_{N-1})$ 导数大于或等于不为零的固定常数 $c_N - c_{N-1}$，可得 $\lim\limits_{D_{N-1} \to \infty} \lambda_{N-1}(D_{N-1}) = \infty$。由命题6-2可知，$ER_{N-1}(D_{N-1}) > 0$。由 $\lambda_{N-1}(-J_{N-1}) < 0$，因此必定存在唯一的存在 S_{N-1} 使得

$\lambda_{N-1}(S_{N-1}) = 0$。

我们接着采用数学归纳法证明，对于所有的自然数 k，$\lambda_{N-k}(D_{N-k})$ 均具有性质：(1) $ER(D_{N-k}) > 0$；(2) $ER_{N-k}'(D_{N-k}) < r - c_{N-k+1}$，(3) $\lambda_{N-k}(D_{N-k})$ 为单调递增函数；(4) $\lambda_{N-k}(D_{N-k}) = 0$。

根据前面论述 $k = 1$ 时性质(1) 至(4) 成立。假设 $t = N - k$ 时性质(1) 至(4) 也成立，则有：

$$ER_{N-k-1}(D_{N-k-1}) = \int_{S_{N-k}}^{\infty} \frac{R_{N-k}(D_{N-k})}{\sqrt{2\pi}\,\sigma_{N-k-1}} e^{-\frac{(D_{N-k}-D_{N-k-1})^2}{2\sigma_{N-k-1}^2}} \mathrm{d}D_{N-k} + \int_{-\infty}^{S_{N-k}} \frac{ER_{N-k}(D_{N-k})}{\sqrt{2\pi}\,\sigma_{N-k-1}} e^{-\frac{(D_{N-k}-D_{N-k-1})^2}{2\sigma_{N-k-1}^2}} \mathrm{d}D_{N-k} \tag{6-9}$$

根据命题6-1，$R_{N-k}(D_{N-k})$ 为线性函数。且在 S_{N-k} 处，$R_{N-k}(S_{N-k}) = ER_{N-k}(S_{N-k}) > 0$。因此当 $D_{N-k} > S_{N-k}$ 时，$R(D_{N-k}) > ER(D_{N-k}) > 0$。根据式(6-9)，$ER_{N-k-1}(D_{N-k-1}) > 0$。性质(1) 成立。

类似式(6-7) 的做法，对式(6-9) 求导可得：

$$ER_{N-k-1}'(D_{N-k-1}) = \frac{(R(S_{N-k}) - ER(S_{N-k}))}{\sqrt{2\pi}\,\sigma_{N-k-1}} e^{-\frac{(S_{N-k}-D_{N-k-1})^2}{2\sigma_{N-k-1}^2}} + (r - c_{N-k+1}) \int_{S_{N-k}-D_{N-k-1}}^{\infty} \frac{1}{\sqrt{2\pi}\,\sigma_{N-k-1}} e^{-\frac{D_{N-k-1}^2}{2\sigma_{N-k-1}^2}} \mathrm{d}D_{N-k} + \int_{-\infty}^{S_{N-k}-D_{N-k-1}} \frac{ER'(D_{N-k} + D_{N-k-1})}{\sqrt{2\pi}\,\sigma_{N-k-1}} e^{-\frac{D_{N-k-1}^2}{2\sigma_{N-k-1}^2}} \mathrm{d}D_{N-k} \tag{6-10}$$

根据性质(4)，有 $R(S_{N-k}) - ER(S_{N-k}) = 0$。根据性质(2)，化简式(6-10) 可得：

$$ER_{N-k-1}'(D_{N-k-1}) \leqslant (r - c_{N-k}) \int_{S_{N-k}-D_{N-k-1}}^{\infty} \frac{1}{\sqrt{2\pi}\,\sigma_{N-k-1}} e^{-\frac{D_{N-k-1}^2}{2\sigma_{N-k-1}^2}} \mathrm{d}D_{N-k} + (r - c_{N-k}) \int_{-\infty}^{S_{N-k}-D_{N-k-1}} \frac{1}{\sqrt{2\pi}\,\sigma_{N-k-1}} e^{-\frac{D_{N-k-1}^2}{2\sigma_{N-k-1}^2}} \mathrm{d}D_{N-k} = (r - c_{N-k}) \tag{6-11}$$

根据式(6-11)和命题6-1,性质(2)成立。

根据命题6-1,$\lambda_{N-k-1}'(D_{N-k-1}) = r - c_{N-k-1} - ER'(D_{N-k-1})$。根据式(6-11),其大于等于常数 $C_{N-k} - c_{N-k-1} > 0$。$\lambda_{N-k-1}(D_{N-k-1})$ 为单调递增函数,且根据命题6-2和性质(1),$\lambda_{N-k-1}(D_{N-k-1})$ 在点 $-J_1$ 处小于零。因此必定存在点 S_{N-k-1} 使得 $\lambda_{N-k-1}(S_{N-k-1}) = 0$。以上我们完成了在时点 $N-k-1$ 的性质证明。根据数学归纳法,对所有的 k 我们的结论都成立。综上我们得到定理6-1。

定理6-1　最优库存策略为Base Stock策略,有且仅有一组与市场需求预测过程无关的常数 $S_1, S_2, \cdots, S_N$ 和对应的 $J_1, J_2, \cdots, J_N$。当前市场需求预测值 $D_t > S_t$ 时决策结束,零售商订货 $D_t + J_t$。否则零售商继续等待,在下一时刻点继续决策。直到决策停止,或到时刻 N 为止。

随着时间的推移,离销售季节越近,市场预测越准确,然而相应的采购成本也越高。市场需求预测精度的提高是有限的(小于 σ_t)。但在当前时刻 t 时,随着订货量的无限增加,相对于未来时刻节约的采购成本也无限增加。存在某一点 S_t,当市场需求预测值大于 S_t 时,此时最优订货量相对较高,采购成本影响较大,企业的最优策略为当前时刻订货。当市场需求预测值小于 S_t 时,此时最优订货量相对较小,采购成本影响较小,企业最优策略为当前时刻订货。定理6-1说明最优库存策略为一组确定的 S_k,与预测值 D_t 无关。并且我们发现订货成本的任意取值并不影响结论的成立。在定理6-1推导的基础上,针对一般分布,我们给出如下计算过程。

算法6-1:

(1) 对于每一时点 $t = 1, 2, \cdots, N$,首先任取一个较大的 D_t 值。根据式(6-2),计算出 Q_t^*。求解出 $V(D_t)$ 值。根据命题6-1,得到常数 K_t、J_t 值。

(2) 令 $S_N = \dfrac{K_N}{r - c_N}$ 和 $k = 0$。

(3) 根据式命题6-1,递推关系式(6-5)或式(6-9)。我们得到函

数 $\lambda_{N-k}(D_{N-k})$ 的形式。

(4) 利用性质 $\lambda_{N-k}(D_{N-k})$ 在区间 $(-J_t, \infty)$ 上为单调递增函数，$\lambda_{N-k}(D_{N-k})=0$ 存在唯一，我们可以采用通用计算程序（如二分法）求解出 S_{N-k}。

(5) 令 $k=k+1$，重复步骤 2，直到所有的 S_{N-k} 计算完毕。

6.1.2 敏感性分析

我们通过参数变化对库存策略的影响来说明成本和信息价值对库存策略的影响。根据定理 6-1，$\lambda_t(D_t)$ 为单调递增函数。我们可以通过 $\lambda_t(D_t)$ 取值变化分析参数的影响。我们主要分析三个参数 c_t、A_t、σ_t 的影响。c_t、A_t 从成本角度影响库存系统，而 σ_t 从信息角度影响库存系统。首先分析成本增加的影响。

命题 6-4 参数 c_t、A_t 变化对订货水平 S_k 的影响为：当 $k>t$ 时，S_k 不受影响。当 $k=t$ 时，S_t 值会增大。当 $k<t$ 时，S_k 值会减小。

命题 6-5 参数 σ_t 变化对订货水平 S_k 的影响为：当 $k>t$ 时，S_k 不受影响。当 $k=t$ 时，S_t 值无法确定。当 $k<t$ 时，S_k 值会增大。

证明：由于任意时刻 S_k 的求解只与未来状态有关，因此当 $k>t$ 时，S_k 不变。当 $k=t$ 时，此时 $R_k(D_k)$ 值减小，$ER_k(D_k)$ 值不变，即 $\lambda_k(D_k)$ 值会减小，相应的 S_k 值会增大。当 $k<t$ 时，$R_k(D_k)$ 值不变，$ER_k(D_k)$ 值减小，即 $\lambda_k(D_k)$ 值会增大。S_k 值会减小。类似的，我们可以证明 A_t 的影响。接着假设信息价值参数 σ_t 增大为 σ'_t 时的影响。σ_t 的变化必须符合模型的预测过程。σ_t 增大相当于在预测过程中新增加一个时点 t'，且 $\sigma''_t=\sigma'_t-\sigma_t$。

$t-1$	$\longrightarrow$	t'	$—\sigma''_t\rightarrow$	t	$—\sigma_t\rightarrow$	$t+1$

同理，当 $k>t$ 时，S_k 不变。当 $k=t$ 时，$R_k(D_k)$ 和 $EV_k(D_k)$ 同时减小，由于模型针对一般分布求解，因此此时无法判断 S_k 的变化。当 $k<t$ 时，$R_k(D_k)$ 值不受影响。而无论时点 t' 的策略是什么，在时点 t 都可以采用相同的策略。同时在时点 t 市场需求预测更加精确，因此 $EV_k(D_k)$ 会随着 σ'_t 的增大而减小，即 S_k 值会增大。

根据命题6-4，当参数c_t、A_t增加时，若当前时刻为$k = t$，则当前时刻订货收益减小，因此S_k增大，说明企业更愿意在未来时刻订货。同理，若当前时刻为$k < t$，未来的收益减小，因此S_k减小，说明企业更愿意在当前时刻订货。根据命题6-5，当参数σ_t增加时，若当前时刻为$k < t$，未来的收益减小，S_k减小，企业更愿意当前时刻订货。但若当前时刻为$k = t$，当前和未来收益同时受到影响，需要更多的信息（如市场需求具体分布）才能判定对库存策略的影响。

6.1.3　随机提前期

接着我们分析提前期的随机性对库存策略的影响。实际中在大多数情况下提前期都为一个随机变量。如果货物在时点T之前到达，零售商每件货物单位时间需要支付的库存成本为h。如果货物在时点T之后到达，则由于顾客流失，信誉的丧失等原因，单位时间造成的缺货损失为p。假定时点t订货时，提前期长度分布的密度函数为$g(L_t)$，L_t与市场需求预测过程和订货量无关。Q单位货物提早到达平均时间长度为常数$\alpha(t) = \int_t^T (T - L_t)^+ g(L_t)\mathrm{d}L_t$，库存成本为$hQ\alpha(t)$。若货物延后到达，根据缺货量的期望为$E(D_T \mid D_t) = D_t$，到达延后平均时间长度为常数$\beta(t) = \int_T^\infty (L_t - T)g(L_t)\mathrm{d}L_t$，缺货成本为$pD_t\beta(t)$。因此总成本函数变为：

$$V(D_t) = r\min_{Q>0}(Q,D) - c_tQ - A_t - Q\alpha - pD_t\beta_t \qquad (6\text{-}12)$$

新增项为Q的线性函数，因此式(6-12)仍为Q的凹函数，存在唯一的Q使得$V(D_t)$取最小值。类似的，当时点t预测值D_t增大Δ时，令$D'_t = D_t + \Delta$和$Q' = Q + \Delta$，化简式(6-12)得$V(D'_t) = (r - c_t - \alpha_t - p\beta_t)\Delta + V(D_t)$。命题6-1的线性关系仍然成立，$V(D'_t)$仍然是线性函数，但斜率为常数$(r - c_t - \alpha_t - p\beta_t)$。令$c'_t = c_t + \alpha_t + p\beta_t$，$V_t(D'_t) = (r - c'_t)D'_t + K'_t$，$Q^{*\prime}_t = D'_t + J'_t$。

若$0 < c'_1 < c'_2 < \cdots < c'_N < r$，则类似步骤可以证明定理6-1成立。但若存在点$i < j$，满足$c'_i \geqslant c'_j$，则问题比较复杂，需进一步讨论$K'_t$影响，分两种情况讨论。

(1) 若存在点$i < j$，满足$c'_i \geqslant c'_j$，且有$K'_i \leqslant K'_j$。则由于$V_i(D'_i)$

是线性函数,$\int_{-\infty}^{\infty} V_j(D'_j) f(D'_j | D'_i) \mathrm{d}D_j = V_j(D'_i) \geqslant V_i(D'_i)$,即在时点$i$的订货收益总是小于时点$j$的订货收益。因此可以去掉时点$i$。定理6-1继续适用。

(2)若存在点$i < j$,满足$c'_i \geqslant c'_j$且对于所有的j均有$K'_i \geqslant K'_j$。这时我们的模型将不再适用。

考虑提前期随机性时,我们可以将其转换c'_i和K'_i。如果$0 < c'_1 < c'_2 < \cdots < c'_N < r$继续满足,则我们的模型继续适用。当$0 < c'_1 < c'_2 < \cdots < c'_N < r$不满足时,这是一种比较反常的现象。即在一些时间点上,随着时间推移会出现采购成本减少和预测精度提高,这两项收益都是正的。如果不考虑K'_i的影响,必定越晚订货越好。利用这个性质,我们可以去掉一些不满足假设的时点,使模型继续适用。当考虑K'_i时,K'_i取值主要受订货成本和提前期随机性影响。如果在不满足假设的时点上,随时间增加K'_i严格单调递增,且和前两项的正收益相互抵消,由于模型没有对订货成本和提前期随机性作出限制,模型将不再适用。

6.1.4 数值算例

我们通过数值算例来说明考虑预测过程时最优库存策略的决策,分析企业如何在采购成本和市场信息之间权衡。考虑一个5时点的模型,计划时段为1年,前4个时点代表1至4季度,第5个时点代表销售季节开始。$\sigma_i = 1000$件,$i = 1,2,3,4$。$r = 12, c_1 = 5, c_2 = 5.5, c_3 = 6, c_4 = 6.5$。首先采用算法6-1计算预测更新过程库存策略$S_t$值,接着将每一时点视为唯一的订货机会,计算四个报童模型的订货水平(用$\tilde{S}_t$代表报童模型结果)。计算结果汇总见表6-1。

表6-1 预测更新过程与报童模型计算结果对比

	预测更新过程				单时点,报童模型		
结果	S_1	S_2	S_3	$S_4 = \lambda_4$	$\tilde{S}_1$	$\tilde{S}_2$	$\tilde{S}_3$
	3508.2	3568.9	7061.4	865.7	1337.9	1268.7	1382.0

从表6-1中可以看出，在时点4为经典的报童模型，$S_4 = \widetilde{S}_4$。但在其余三个时点由于预测更新模型中企业可以当前时刻不订货，在未来收集更多市场信息后，更精确预测市场需求使需求和采购数量更加匹配。当前订货收益必须较高企业才会订货，因此 $S_t > \widetilde{S}_t$。S_t 值超过 λ_t 值2倍以上，说明传统报童模型结果不适用于预测更新过程。如果在时点1预测值 D_1 为2500件，则报童模型结果 $V_1 = 8135.0$ 元，预测更新结果为 $EV_1 = 9950.7$ 元。预测更新结果优于报童模型22.3%，说明考虑预测更新过程是十分必要的。接着分析参数变化对库存策略的影响，我们变化时点4的参数值（c_4, A_4, σ_4^2）和 r，每个参数在初始值的基础上变化2次，此时 $S_t, t = 1,2,3,4$ 将同时受到影响，所有结果见表6-2。

表6-2　**敏感性分析**

	初始值	c_4		A_4		σ_4^2		r	
		7	8	500	1000	1.1	1.2	14	16
S_1	3508.2	3191.0	2999.4	3354.1	3233.8	3418.2	3337.8	3647.0	3767.1
S_2	3568.9	2685.2	2235.7	3179.0	2857.4	3366.0	3178.9	3815.9	4028.6
S_3	7061.4	3615.1	2121.5	6061.4	5061.4	6596.6	6152.5	7911.1	8605.1
S_4	865.7	936.5	1090.8	9565.8	1047.5	907.9	948.3	741.7	653.3

表6-2验证了命题6-4和命题6-5的结论。S_t 增大或减小取决于 $V_t(D_t)$ 和 $EV_t(D_t)$ 值之间的相对变化。同时距离时点4越远的点，未来可选择的订货机会越多，受参数变化影响就越小，因此当参数值 c_4, A_4, σ_4^2 和 r 变化时，S_t 变化幅度会越小。S_t 值在时点3时变化幅度最大，在时点2变化幅度中等，在时点1变化幅度最小。

6.2　生产能力限制

6.1节中我们考虑预测更新条件下的最优订货策略。然而在订货时，我们并没有考虑生产能力限制。很显然离销售季节开始时越近,生产时间就会越少,相应的生产能力就会越小。因此当企业决策继续等待收集市场信息时,它面临着一个很大的风险,未来可能会没有足够的生产能力。本节在 6.1 节的基础上考虑存在生产能力限制,基本假设和前面相同。但在每一时刻企业的最大订货量不超过 $\widehat{Q}_t, t=1,2,\cdots,N$。由于提前期越短,生产时间就越少。因此我们假定:$\widehat{Q}_1 < \widehat{Q}_2 < \cdots < \widehat{Q}_N$。

6.2.1 模型的建立

同样为了判断在当前时刻为任意时点 t 时,企业是不订货继续收集市场信息,还是立刻以较低的采购价格订货,我们引入两个函数。如果当前时点 t 必定订货,则总收益的期望为 $R_t(D_t)$,若当前时点不订货,则在未来所有可能的库存策略中总收益期望最大为 $ER_t(D_t)$。构造判定函数 $\lambda_t(D_t)=R_t(D_t)-ER_t(D_t)$,若 $\lambda_t(D_t)>0$ 时,企业最优决策为订货,而反之当 $\lambda_t(D_t)\leqslant 0$ 时,企业的最优决策为不订货。首先考虑 $R_t(D_t)$ 的形式,若确定在 t 时点订货,而不考虑未来可能的订货,问题简化为经典的报童模型。

$$
\begin{aligned}
R_t(D_t) &= r\min_{0<Q<\hat{Q}_t}(Q,D)-c_tQ-A_t \\
&= \min_{0<Q<\hat{Q}_t} r\left(\int_Q^{\infty}\frac{Q}{\sqrt{2\pi}\widetilde{\sigma}_i}e^{-\frac{(D-D_t)^2}{2\widetilde{\sigma}_i^2}}\mathrm{d}D+\int_0^Q\frac{D}{\sqrt{2\pi}\widetilde{\sigma}_i}e^{-\frac{(D-D_t)^2}{2\widetilde{\sigma}_i^2}}\mathrm{d}D\right) \\
&\quad -c_tQ-A_t
\end{aligned}
\tag{6-13}
$$

根据报童模型理论,最优的订货量为:

$$
F(Q^*\mid D_t)=\frac{r-c}{r} \tag{6-14}
$$

因此确定在 t 时刻订货时,最优订货量为 $\max(\min\widehat{Q}_t, D_t+z_t\widetilde{\sigma}_t),0)$。其中:

$$
z_t=\Phi^{-1}\left(1-\frac{c_t}{r}\right) \tag{6-15}
$$

因此企业的最优订货策略为:

$$\begin{cases} D_t \leqslant -z_t\widetilde{\sigma}_t, & Q=0 \\ -z_t\widetilde{\sigma}_t < D_t \leqslant \widehat{Q}_t - z_t\widetilde{\sigma}_t, & Q = D_t + z_t\widetilde{\sigma}_t \\ D_t > \widehat{Q}_t - z_t\widetilde{\sigma}_t, & Q = \widehat{Q}_t \end{cases} \tag{6-16}$$

将式(6-15)代入式(6-13)并化简得：

$$R_t(D_t) = (r - c_t)D_t - A_t - r\widetilde{\sigma}_t\phi(z_t) \tag{6-17}$$

由式(6-15)，z_t 值与 D_t 无关，根据式(6-17)我们可以得到命题6-6。

命题 6-6　当前时刻为 t 时，若 $-z_t\widetilde{\sigma}_t < D_t \leqslant \widehat{Q}_t - z_t\widetilde{\sigma}_t$，则 $R_t(D_t)$ 和最优订货量 Q^* 均为市场需求值预测值 D_t 的线性函数，其导数分别为 $r - c_t$ 和 1。

根据命题 1，我们记 $R_t(D_t) = (r - c_t)D_t + K_t$，$Q_t^* = D_t + J_t$ 其中 K_t，J_t 与市场需求预测过程无关，而由时间 t 确定的唯一常数，K_t，J_t 均不为无穷。$K_t = -A_t - r\widetilde{\sigma}_t\phi(z_t)$，$J_t = z_t\widetilde{\sigma}_t$。由于订货量不能为负数。当 $D_t \leqslant J_t$ 时，最优订货量为0。此时仍然需要支付订货成本，因此 $R_t(-J_t) \leqslant 0$，即有命题6-7。

命题 6-7　当 $D_t \leqslant -J_t$ 时，零售商最优策略为不订货，且有 $R_t(-J_t) \leqslant 0$。

接着我们分析 $D_t > \widehat{Q}_t - z_t\widetilde{\sigma}_t$ 时的情况，此时订货量固定为 $\widehat{Q}_t$。

$$\begin{aligned} R_t(D_t) &= r\min(\widehat{Q}_t, D) - c_t\widehat{Q}_t - A_t \\ &= r\left(\int_{\widehat{Q}_t}^{\infty} \frac{\widehat{Q}_t}{\sqrt{2\pi}\widetilde{\sigma}_i} e^{-\frac{(D-D_t)^2}{2\widetilde{\sigma}_i^2}} \mathrm{d}D + \int_0^{\widehat{Q}_t} \frac{D}{\sqrt{2\pi}\widetilde{\sigma}_i} e^{-\frac{(D-D_t)^2}{2\widetilde{\sigma}_i^2}} \mathrm{d}D\right) \\ &\quad - c_t\widehat{Q}_t - A_t \\ &= rD_t - r\widetilde{\sigma}_t\psi\left(\frac{\widehat{Q}_t - D_t}{\widetilde{\sigma}_t}\right) - c_t\widehat{Q}_t - A_t \end{aligned} \tag{6-18}$$

对式(6-18)求导得：

$$R'_t(D_t)=r\Phi\left(\frac{\widehat{Q}_t-D_t}{\widetilde{\sigma}_t}\right) \tag{6-19}$$

当 $D_t>\widehat{Q}_t-z_t\widetilde{\sigma}_t$, $R'_t(D_t)\leqslant r-c_t$ (6-20)

由式(6-20)和式(6-18),可得命题6-8。

命题6-8 当前时刻为t时,若$D_t>\widehat{Q}_t-z_t\widetilde{\sigma}_t$,则最优订货量$Q^*$均为$\widehat{Q}_t$,且$R_t(D_t)$的导数分别小于$r-c_t$。

当$t=N$时,由命题6-6,$\lambda_N(D_N)$为线性单调递增函数,当必定存在唯一的$S_N=\dfrac{K_N}{r-c_N}$使得$\lambda(S_N)=0$。若$z_N\widetilde{\sigma}_N<S_N\leqslant\widehat{Q}_N-z_N\widetilde{\sigma}_N$,则最优订货量为$Q_N^*<\widehat{Q}$,而当$S_N\geqslant\widetilde{Q}_N-z_N\widetilde{\sigma}_N$,$Q_N^*>\widehat{Q}$。综上我们有命题6-9。

命题6-9 零售商在时点N最优订货策略为,当市场需求预测值$D_N>S_N$时订货,订货量为:(1)若$-z_N\widetilde{\sigma}_N<D_N\leqslant\widehat{Q}_N-z_N\widetilde{\sigma}_N$,$Q_N^*=\widehat{D}_N+z_N\widetilde{\sigma}_N$。(2)若$D_N>\widehat{Q}_N-z_N\widetilde{\sigma}_N$,$Q_N^*=\widehat{Q}_N$。当市场需求$D_N\leqslant S_N$时不订货,其中$S_N$为一个与$D_N$无关的常数。

接下来考虑时点$N-1$,根据命题6-6和命题6-8可得：

$$\begin{aligned}ER_{N-1}(D_{N-1})=&\int_{S_N}^{\hat{Q}_N-z_N\tilde{\sigma}_N}((r-c_N)D_N+K_N)\cdot\frac{1}{\sqrt{2\pi}\,\sigma_{N-1}}e^{-\frac{(D_N-D_{N-1})^2}{2\sigma_{N-1}{}^2}}\mathrm{d}D_N\\&+\int_{\hat{Q}_N-z_N\tilde{\sigma}_N}^{\infty}\left(rDN-r\widetilde{\sigma}_N\psi\left(\frac{\widehat{Q}_N-D_N}{\widetilde{\sigma}_N}\right)-c_N\widehat{Q}_N-A_N\right)\\&\cdot\frac{1}{\sqrt{2\pi}\,\sigma_{N-1}}e^{-\frac{(D_N-D_{N-1})^2}{2\sigma_{N-1}{}^2}}\mathrm{d}D_N\end{aligned} \tag{6-21}$$

由命题6-7可得$ER_{N-1}(D_{N-1})>0$。利用$N(D_{N-1}+D_N\mid D_N)=N(D_{N-1}\mid 0)$,可得：

$$\mathrm{d}ER_{N-1}(D_{N-1})=\int_{S_N}^{\hat{Q}_N-z_N\tilde{\sigma}_N}(r-c_N)\cdot\frac{1}{\sqrt{2\pi}\,\sigma_{N-1}}e^{-\frac{(D_N-D_{N-1})^2}{2\sigma_{N-1}{}^2}}\mathrm{d}D_N$$

$$+\int_{\hat{Q}_N-z_N\tilde{\sigma}_N}^{\infty} r\Phi\left(\frac{\widehat{Q}_N-D_N}{\widetilde{\sigma}_N}\right)\cdot\frac{1}{\sqrt{2\pi}\,\sigma_{N-1}}e^{-\frac{(D_N-D_{N-1})^2}{2\sigma_{N-1}^2}}\mathrm{d}D_N \tag{6-22}$$

因此结合式(6-20)可得：

$$\begin{aligned}\mathrm{d}ER_{N-1}(D_{N-1}) &\leqslant \int_{S_N}^{\infty}(r-c_N)\cdot\frac{1}{\sqrt{2\pi}\,\sigma_{N-1}}e^{-\frac{(D_N-D_{N-1})^2}{2\sigma_{N-1}^2}}\mathrm{d}D_N\\ &\leqslant (r-c_N)\end{aligned} \tag{6-23}$$

我们接着分析 $\lambda_{N-1}(D_{N-1})$ 的情况，若 $-z_{N-1}\widetilde{\sigma}_{N-1}<D_{N-1}\leqslant\widehat{Q}_{N-1}-z_{N-1}\widetilde{\sigma}_{N-1}$，则根据式(6-23)有：

$$\lambda_{N-1}{}'(D_{N-1})=R'(D_{N-1})-ER'(D_{N-1})\geqslant c_N-c_{N-1}>0 \tag{6-24}$$

$\lambda_{N-1}(D_{N-1})$ 为单调递增函数。若 $-z_{N-1}\widetilde{\sigma}_{N-1}<D_{N-1}\leqslant\widehat{Q}_{N-1}-z_{N-1}\widetilde{\sigma}_{N-1}$，$\lambda_{N-1}(D_{N-1})<0$ 则在 $\widehat{Q}_{N-1}$ 生产能力限制下，最优的策略始终是不订货。若 $-z_{N-1}\widetilde{\sigma}_{N-1}<D_{N-1}\leqslant\widehat{Q}_{N-1}-z_{N-1}\widetilde{\sigma}_{N-1}$ 时存在 S_{N-1} 使得 $\lambda_{N-1}(S_{N-1})=0$，由于 $\lambda_{N-1}(D_{N-1})$ 为单调递增函数，S_{N-1} 必定唯一。综上得到时刻 $t=N-1$ 时的最优策略。

命题 6-10 如果 $-z_{N-1}\widetilde{\sigma}_{N-1}<D_{N-1}\leqslant\widehat{Q}_{N-1}-z_{N-1}\widetilde{\sigma}_{N-1}$，$\lambda_{N-1}(D_{N-1})<0$，则零售商在时点 $N-1$ 的最优策略为当前时刻始终不订货。若存在 S_{N-1} 使得 $\lambda_{N-1}(D_{N-1})=0$，零售商在时点 $N-1$ 的最优策略为：当市场需求预测值 $D_{N-1}>S_{N-1}$ 时订货，订货量为：(1) 若 $-z_{N-1}\widetilde{\sigma}_{N-1}<D_{N-1}\leqslant\widehat{Q}_{N-1}-z_{N-1}\widetilde{\sigma}_{N-1}$，$Q_{N-1}^{*}=\widehat{D}_{N-1}+z_{N-1}\widetilde{\sigma}_{N-1}$。

(2) 若 $D_{N-1}>\widehat{Q}_{N-1}-z_{N-1}\widetilde{\sigma}_{N-1}$，$Q_{N-1}^{*}=\widehat{Q}_{N-1}$。当市场需求 $D_{N-1}\leqslant S_{N-1}$ 时不订货，其中 S_{N-1} 为一个与 D_{N-1} 无关的常数。

我们接着采用数学归纳法证明命题 6-10 对于所有的时点均成立。命题6-10中有可能出现若 $-z_{N-k}\widetilde{\sigma}_{N-k}<D_{N-k}\leqslant\widehat{Q}_{N-k}-z_{N-k}\widetilde{\sigma}_{N-k}$，$\lambda_{N-k}(D_{N-k})\neq 0$ 的情况。然而在这种情况下，最优的订货策略为始

终不订货。可以去除这些时点而对最优库存管理策略没有影响。因此在数学归纳法证明过程中，我们只讨论 $-z_{N-k}\widetilde{\sigma}_{N-k} < D_{N-k} \leqslant \widehat{Q}_{N-k} - z_{N-k}\widetilde{\sigma}_{N-k}$ 时，存在 $\lambda_{N-k}(D_{N-k}) = 0$ 的情况。我们将用数学归纳法证明，对于所有的自然数 k，$\lambda_{N-k}(D_{N-k})$ 均具有性质：(1) $ER(D_{N-k}) > 0$；(2) $ER_{N-k}'(D_{N-k}) < r - c_{N-k+1}$；(3) $\lambda_{N-k}(D_{N-k})$ 为单调递增函数；(4) $\lambda_{N-k}(D_{N-k}) = 0$。

根据前面命题 6-9 的论述，$k = 1$ 时性质(1) 至(4) 成立。假设 $t = N - k$ 时性质(1) 至(4) 也成立，则有：

$$ER_{N-k-1}(D_{N-k-1}) = \int_{S_{N-k}}^{\hat{Q}_{N-k}-z_{N-k}\tilde{\sigma}_{N-k}} ((r - c_{N-k})D_{N-k} + K_{N-k})$$
$$\cdot \frac{1}{\sqrt{2\pi}\sigma_{N-k-1}} e^{-\frac{(D_{N-k}-D_{N-k-1})^2}{2\sigma_{N-k-1}^2}} \mathrm{d}D_{N-k} + \int_{\hat{Q}_{N-k}-z_{N-k}\tilde{\sigma}_{N-k}}^{\infty}$$
$$\left(rD_{N-k} - r\widetilde{\sigma}_{N-k}\psi\left(\frac{\widehat{Q}_{N-k} - D_{N-k}}{\widetilde{\sigma}_{N-k}}\right) - c_{N-k}\widehat{Q}_{N-k} - A_{N-k}\right)$$
$$\cdot \frac{1}{\sqrt{2\pi}\sigma_{N-k-1}} e^{-\frac{(D_{N-k}-D_{N-k-1})^2}{2\sigma_{N-k-1}^2}} \mathrm{d}D_{N-k} + \int_{-\infty}^{S_{N-k}} \frac{ER_{N-k}(D_{N-k})}{\sqrt{2\pi}\sigma_{N-k-1}} e^{-\frac{(D_{N-k}-D_{N-k-1})^2}{2\sigma_{N-k-1}^2}} \mathrm{d}D_{N-k} \tag{6-25}$$

我们对式(6-25) 求导，分三项列举可得：

$$\frac{(r - c_N)S_N + K_N}{\sqrt{2\pi}\sigma_{N-k-1}} e^{-\frac{(D_{N-k}-D_{N-k-1})^2}{2\sigma_{N-k-1}^2}} - \frac{(r - c_N)(\widehat{Q}_{N-k} - z_{N-k}\widetilde{\sigma}_{N-k}) + K_N}{\sqrt{2\pi}\sigma_{N-k-1}} \cdot$$
$$e^{-\frac{\hat{Q}_{N-k}-z_{N-k}\tilde{\sigma}_{N-k}-D_{N-k-1}{}^2}{2\sigma_{N-k-1}^2}} + (r - c_{N-k+1})$$
$$\int_{S_{N-k}}^{\hat{Q}_{N-k}-z_{N-k}\tilde{\sigma}_{N-k}} \frac{1}{\sqrt{2\pi}\sigma_{N-k-1}} e^{-\frac{(D_{N-k-1}D_{N-k-1})^2}{2\sigma_{N-k-1}^2}} \mathrm{d}D_{N-k} \tag{6-26}$$
$$\int_{\hat{Q}_{N-k}-z_{N-k}\tilde{\sigma}_{N-k}}^{\infty} \Phi\left(\frac{\widehat{Q}_{N-k} - D_{N-k}}{\widetilde{\sigma}_{N-k}}\right) \cdot \frac{1}{\sqrt{2\pi}\sigma_{N-k-1}} e^{-\frac{(D_{N-k}-D_{N-k-1})^2}{2\sigma_{N-k-1}^2}} \mathrm{d}D_{N-k}$$
$$+ \left(r(\widehat{Q}_{N-k} - z_{N-k}\widetilde{\sigma}_{N-k}) - r\widetilde{\sigma}_{N-k}\psi\left(\frac{z_{N-k}\widetilde{\sigma}_{N-k}}{\widetilde{\sigma}_{N-k}}\right) - c_{N-k}\widehat{Q}_{N-k} - A_{N-k}\right)$$

$$\cdot \frac{1}{\sqrt{2\pi}\sigma_{N-k-1}} e^{-\frac{(D_{N-k}-D_{N-k-1})^2}{2\sigma_{N-k-1}{}^2}} \tag{6-27}$$

$$- \frac{ER(S_{N-k})}{\sqrt{2\pi}\sigma_{N-k-1}} e^{\frac{(S_{N-k}-D_{N-k-1})^2}{2\sigma_{N-k-1}{}^2}} + \int_{-\infty}^{S_{N-k}-D_{N-k-1}} \frac{ER'(D_{N-k}+D_{N-k-1})}{\sqrt{2\pi}\sigma_{N-k-1}}$$

$$e^{\frac{D_{N-k-1}{}^2}{2\sigma_{N-k-1}{}^2}} \mathrm{d}D_{N-k} \tag{6-28}$$

根据 S_{N-k} 的定义，式(6-26) 第一项和式(6-28) 第一项相互抵消。由于在点 $\widehat{Q}_{N-k} - z_{N-k}\widetilde{\sigma}_{N-k}$ 生产能力限制正好成立，因此式(6-26) 第三项和式(6-27) 第二项相互抵消。因此对式(6-25) 求导结果可以简化为：

$$ER_{N-k-1}{}'(D_{N-k-1}) = \int_{S_{N-k}}^{\hat{Q}_{N-k}-z_{N-k}\tilde{\sigma}_{N-k}} (r - c_{N-k})$$

$$\cdot \frac{1}{\sqrt{2\pi}\sigma_{N-k-1}} e^{-\frac{(D_{N-k}-D_{N-k-1})^2}{2\sigma_{N-k-1}{}^2}} \mathrm{d}D_{N-k}$$

$$+ \int_{\hat{Q}_N - z_N\tilde{\sigma}_N}^{\infty} \Phi\left(\frac{\widehat{Q}_{N-k} - D_{N-k}}{\widetilde{\sigma}_{N-k}}\right) \cdot \frac{1}{\sqrt{2\pi}\sigma_{N-k-1}} e^{-\frac{(D_{N-k}-D_{N-k-1})^2}{2\sigma_{N-k-1}{}^2}} \mathrm{d}D_{N-k}$$

$$+ \int_{-\infty}^{S_{N-k}-D_{N-k-1}} \frac{ER'(D_{N-k}+D_{N-k-1})}{\sqrt{2\pi}\sigma_{N-k-1}} e^{-\frac{D_{N-k-1}{}^2}{2\sigma_{N-k-1}{}^2}} \mathrm{d}D_{N-k} \tag{6-29}$$

根据数学归纳法假设性质(2)，化简式(6-29) 可得：

$$ER_{N-k-1}{}'(D_{N-k-1}) \leqslant (r - c_{N-k}) \int_{S_{N-k}-D_{N-k-1}}^{\infty} \cdot \frac{1}{\sqrt{2\pi}\sigma_{N-k-1}}$$

$$e^{-\frac{D_{N-k-1}{}^2}{2\sigma_{N-k-1}{}^2}} \mathrm{d}D_{N-k} + (r - c_{N-k}) \int_{-\infty}^{S_{N-k}-D_{N-k-1}} \cdot \frac{1}{\sqrt{2\pi}\sigma_{N-k-1}} e^{-\frac{D_{N-k-1}{}^2}{2\sigma_{N-k-1}{}^2}} \mathrm{d}D_{N-k}$$

$$= (r - c_{N-k}) \tag{6-30}$$

根据式(6-30) 和命题6-6，性质(2) 成立。 在性质(2) 成立的基础上，类似于6.1 节我们可以证明其余的3 条性质。综上我们得到定理 6-2。

定理6-2　最优库存策略为Basestock 策略。在每一时点零售商的最优订货策略为：(1) 若 $-z_{N-k}\widetilde{\sigma}_{N-k} < D_{N-k} \leqslant \widehat{Q}_{N-k} - z_{N-k}\widetilde{\sigma}_{N-k}$，

$\lambda R_t(D_t) \leqslant 0$,则零售商最优策略为不订货。(2) 若 $-z_{N-k}\widetilde{\sigma}_{N-k} < D_{N-k} \leqslant \widehat{Q}_{N-k} - z_{N-k}\widetilde{\sigma}_{N-k}$,存在 S_t 使得 $\lambda R_t(D_t)=0$,则 S_t 必定唯一,且与预测实现过程无关。零售商的最优订货策略为:当市场需求 $D_t \leqslant S_t$ 时不订货,当 $S_t < D_t \leqslant \widehat{Q}_t - z_t\widetilde{\sigma}_t$ 时,零售商的最优策略是订货,订货数量为 $D_t + z_t\widetilde{\sigma}_t$。当 $D_t > \widehat{Q}_t - z_t\widetilde{\sigma}_t$ 时,最优策略为订货 $\widehat{Q}_t$。

当存在生产能力限制时,零售商的决策变得更加困难。我们证明零售商的最优决策也为Base Stock策略。零售商的最优订货策略可分为两种情况。(1) 当没有达到生产能力上限时,只要高于订货点 S_t 就订货。若达到生产能力最大值时,则生产最大产量。(2) 若生产能力上限较小,则该时点有可能永远不订货。

在定理6-2推导的基础上,针对一般分布,我们给出如下计算过程:

算法6-2:

(1) 对于每一时点 $t=1,2,\cdots,N$,首先任取一个较大的 D_t 值。根据式(6-13),计算出 Q_t^*。求解出 $V(D_t)$ 值。

(2) 令 $k=1$。根据递推关系式(6-22)或(6-25),我们得到函数 $\lambda_{N-k}(D_{N-k})$ 的函数形式。

(3) 当 $D_{N-k}^* = \widehat{Q}_{N-k} - z_{N-k}\widetilde{\sigma}_{N-k}$ 时,计算函数值。若 $\lambda_{N-k}(D_{N-k}^*) \leqslant 0$,则该时点在容量限制下永远不会订货。

(4) 若 $\lambda_{N-k}(D_{N-k}^*) > 0$,则在区间 $\left(-z_{N-k}\widetilde{\sigma}_{N-k},\ \widehat{Q}_{N-k} - z_{N-k}\widetilde{\sigma}_{N-k}\right)$ 必定存在唯一的 S_{N-k} 使得 $\lambda_{N-k}(S_{N-k})=0$,利用 $\lambda_{N-k}(D_{N-k})$ 为单调递增函数,我们可以采用通用计算程序(如二分法)求解出 S_{N-k}。

(5) 令 $k=k+1$,重复步骤2,直到所有的 S_{N-k} 计算完毕。

6.2.2 数值算例

我们通过数值算例来说明考虑预测过程时最优库存策略的决

策,分析企业如何在采购成本和市场信息之间权衡。考虑一个 5 时点的模型,计划时段为 1 年,前 4 个时点代表 1 至 4 季度,第 5 个时点代表销售季节开始。$\sigma_i = 1000$ 件,$i = 1,2,3,4$ 件,$r = 12$,$c_1 = 5$,$c_2 = 5.5$,$c_3 = 6$,$c_4 = 6.5$。首先采用算法 6-1 计算预测更新过程库存策略 S_t 值,接着将每一时点视为唯一的订货机会,计算四个报童模型的订货水平(用 $\widetilde{S}_t$ 代表报童模型结果)。当存在生产能力限制时计算较复杂,因此我们去掉节点 1,只计算 3 节点模型。所得结果见表 6-3。算法 6-2 可以有效地求解最优库存策略。可以看到生产能力无限制模型的结果。生产能力越小,限制性就越强,相应的最优订货点数量会下降。然而生产能力限制无论是在当前还是未来时刻都存在,因此这种下降并不明显。

表 6-3　**预测更新过程与报童模型计算结果对比**

生产能力限制	预测更新过程		
	S_1	S_2	S_3
无限制	3568.9	7061.4	865.7
$\widehat{Q} = 8000$	3568.6	6876.9	865.7
$\widehat{Q} = 7000$	3265.7	6446.5	865.7

6.3　小　　结

本章研究了预测更新过程条件下的报童模型。模型中市场需求预测过程为一般分布,订货成本任意给定,零售商可以在计划时段内任何时点订货,且离销售季节越近预测精确程度越高,但相应的采购成本也会越高。重点分析企业的最优库存策略,讨论在每一时点企业究竟是等待以获得更精确的市场需求信息,还是在当前时刻订货,以获得较低的采购成本。主要结论有:

(1) 当考虑市场需求预测更新过程时,企业的最优库存为 Base Stock 策略。我们证明存在一组与预测值 D_t 无关的常数 S_t,$t = 1$,

2,…,N,若当前市场需求预测值高于 S_t,零售商最优策略为当前时刻订货;否则零售商最优策略为继续收集更多市信息,在未来某个时刻订货,并给出了相应的求解算法。数值算例显示考虑预测更新过程时可以显著增加收益,超过对比模型(报童模型)收益的22%。库存策略 S_t 也与 $\widetilde{S}_t$ 值也有显著不同。表明在预测更新过程时,报童模型将不再适用。

(2)通过敏感性分析说明,企业究竟是等待获得更精确的市场信息还是立刻订货,取决于当前和未来的成本变化情况。参数 c_t,A_t 变化对订货水平 S_k 影响为:当 $k > t$ 时,S_k 不受影响。当 $k = t$ 时,S_t 值会增大。当 $k < t$ 时,S_k 值会减小。参数 σ_t 变化对订货水平 S_k 影响为:当 $k > t$ 时,S_k 不受影响。当 $k = t$ 时,S_t 值无法确定。当 $k < t$ 时,S_k 值会增大。

(3)当提前期也为随机变量时,我们建立了等效模型。该模型在大多数情况下是完全适用的。

(4)在各时点存在生产能力限制时,求解模型给出最优算法,并通过数值算例验证了我们的结论。

第七章 结束语

7.1 主要工作和创新性成果

在库存管理中，通过付出额外的成本是可以缩短提前期的，本书研究如何权衡获得的时间优势与付出的提前期成本，决策最优提前期使单位时间总成本最小。在前人研究的基础上考虑提前期成本和提前期长度为非线性函数，主要工作和创新性贡献有以下几个方面：

(1)考虑提前期成本和提前期长度满足幂函数关系 $R(L)=CL^{-\theta}$。当提前期需求为正态分布，存在顾客流失和押后订单，采用连续盘点订货方式时，存在唯一的全局最优订货量、安全系数和提前期使单位时间总成本最小。证明最优解的判定函数为单调递增函数，并建立二分法算法求解最优解。进一步放宽了提前期需求为正态分布的假设，考虑均值和标准差已知而具体分布未知的提前期需求分布，采用 MiniMax 方法建立最差分布下单位时间总成本的函数表达式，证明存在唯一全局最优订货量、安全系数和提前期使单位时间总成本最小，给出二分法算法。当提前期需求为正态分布或均值和标准差已知的未知分布时，证明缩短提前期时，库存管理存在两个范围。在第一范围内，随着提前期的缩短，订货量减小，安全系数增加。在第二范围内，随着提前期的缩短，订货量反而会增加，安全系数减小。分析了缩短提前期和增加安全库存对库存管理的意义。证明两者都是减少缺货损失的有效手段，当单位缺货成本或提前期需求标准差增大时，缺货损失会增大，安全库存会增加，提前期会缩短。然而增加安全库存和缩短提前期，通过不同方式增加成本，证明了当库存成本、订货成本增加时，提前期会缩短，安全库存会减少。而当市场需求和提前期成本系数增加时，提前期会变长，安全库存会增加。提前期需求分布对库存管理也有影响，证明了提前期需求分布未知时的订货量要高于正态分布，而提前期长度比正态分布短。

(2)在库存管理中，同时考虑折现和可控提前期，首先重新研究 Yang 提前期成本为分段线性函数。证明当提前期需求为正态分布或分布未知时，均存在唯一的全局最优订货量、安全系数和提前期使无穷时间上的总折现成本最小。进一步考虑提前期成本和提前期长度满足幂函数关系，证明当提前期需求为正态分布或分布未知时，均存在唯一的全局最优订货量、安全系数和提前期使无穷时间上的总折现成本最小，给出二分法求解算法。研究利率对库存管理的影响，证明随着利率的增加，总折现成本会降低，安全系数、安全库存和提前期均会增加。研究提前期需求分布的影响，证明了未知分布的订货量要高于正态分布的订货量，而提前期长度比正态分布时短。证明了缩短提前期时，库存管理存在两个范围。在第一范围内，随着提前期缩短，订货量下降，安全系数增加。在第二范围内，随着提前期的缩短，订货量反而会增加，安全系数下降。

(3)考虑零售商可以通过努力来降低顾客流失率，提高押后订单比例。同时决策最优订货量、安全系数、提前期和努力水平，使单位时间总成本最小。证明当提前期需求为正态分布或分布未知时均存在唯一全局最优订货量、安全系数、提前期和努力水平使单位时间总成本最小，并建立二分法求解算法。证明随着提前期的缩短，库存管理也存在两个范围，第一个范围内，随着提前期的缩短，订货量减少，安全系数增加，折扣水平减少。第二个范围内，随着提前期的缩短，订货量增加，安全系数减少，折扣水平增加。证明随着折扣水平的增加，提前期会变长，安全系数和安全库存会减少。分析提前期需求分布对库存管理的影响，证明分布未知时订货量和折扣水平都大于正态分布的结果，而提前期长度小于正态分布时的提前期长度。

(4)考虑单一生产商和单一零售商，协作制定库存策略使单位时间总成本最小。零售商向生产商订货，向市场销售。生产商当接到订单时，连续生产 m 倍的货物，然后分 m 个周期运送给顾客。首先重新考虑 Ouyang 假定提前期成本为分段线性函数的模型，指出其算法中存在的瑕疵，在分析最优解的取值区间和判定函数单调性基础上，将枚举算法改进为简单易行的二分法算法。进一步考虑提前期成本和提前期长度为幂函数关系，证明当提前期需求为正态分布或分布未知时，均存在唯一的全局最优订货量、安全系数、提前期和运输次数 m 使单位时间的总成本最小，并建立二分法求解算法。证明随着提前期的缩短，库存管理也存在两个范围，第一个范围内，随着提前期的缩短，订货量减少，安全系数和运输批次增加。第二个范围内，随着提前期的缩短，订货量增加，安全系数和运输批次减少。证明未知分布与正态分布相比，订货量会增加，提前期会缩短，运输批次会减少。分析运输批次对库存管理的影响，证明随着运输批次的增大，订货量会减少，安全系数和提前期会增加。比较一体化决策与分散决策，证明订货量、安全系数、提前期和运输批次的变化趋势由市场需求与生产率的比值决定，而变化大小由提前期需求与生产率的比值，生产商单位库存成本共同决定。

(5)考虑一个单周期的报童模型，零售商可以在计划时段内任意时刻订货。零售商连续不断地收集市场信息，对未来的市场需求进行预测。然而离销售季节越近，采购成本就越高。因此零售商必须在某一时刻决策究竟是等待继续收集市场信息，在未来能够更精确的匹配市场供给的需求，还是立刻订货，有充足的生产时间，采购成本最低。我们证明零售商的最优订货策略为 Base Stock 策略。并通过敏感性分析研究了采购成本和信息价值对库存决策的影响。进一步当提前期较短时，生产成本会较高，同时生产能力也会减小。当存在生产能力时，我们证明零售商的最优订货策略任为 Base Stock 策略，并给出了求解算法。

7.2　有待进一步研究的问题

研究了提前期成本函数为非线性函数，并考虑了一些供应链环境下如何决策库存策略使单位时间总成本最小，未来可以进一步研究以下的问题。

(1)假设提前期需求为单一分布，然而市场中通常会有不同的顾客群，每个顾客群都会有相应的市场需求分布，因此实际中提前期需求分布通常为多个分布组成的混合分布。当考虑提前期需求为混合分布时，提前期成本为幂函数时，需要进一步研究如何决策最优库存策略使单位时间总成本最小；

(2)研究中只考虑向单一的供应商订货，然而现实中，市场中往往存在许多个供应商，即可以同时向多个供应商订货。当每个供应商都有不同的提前期和提前期成本函数时，考虑投资缩短提前期时，如何决策向每个供应商的订货量，每个供应商的提前期长度和提前期成本分别为多少。这类问题难度很大，很少有人研究过多供应商的提前期问题，可以通过数学建模得出总成本的函数表达式，然后设计算法求解；

(3)实际中提前期长度也是不确定的，当提前期和提前期需求均为随机变量，如何建立模型，采用仿真或者近似求解的方法得到最优解。进一步提前期需求有时是自相关的，考虑自相关提前期需求时如何建立模型并求解。

参考文献

[1] David S L. 供应链设计与管理[M].北京:中国人民大学出版社, 2010.

[2]Fisher J. M., Obermeyer, Raman A. Making supply mcet demand in an uncertain world[J]. Harvard Business Review, 1994, 6:83-93.

[3]吴坤山. 可控制前置时间之二阶整合存货模型的研究[D]. 台湾: 淡江大学管理科学系博士论文, 2005: 2-7.

[4] Christopher. Logistics and supply chain management: strategies for reducing cost and improving service [M]. Great Britain: Financial times—prentice-hall, 1998: 172-189.

[5] Schonberger R. Japanese Manufacturing Techniques [M]. New York: The free press, 1982: 40-55.

[6] Yang G. R, Robert J, Chu P. Inventory models with variable lead time and present value [J]. European Journal of Operational Research, 2005, 164(2): 358-366.

[7] Ouyang L. Y, Wu K. S, Chia H. H. Integrated vendor-buyer cooperative models with stochastic demand in controllable lead time[J]. International Journal of Production Economics, 2004, 92(3): 255-266.

[8] Tatsiopoulos L. P, Kingsman B. G. Lead time management[J]. European Journal of Operational Research, 1983, 14(4): 351-358.

[9] Richard M, Alan G. Reduction in lead time does make the difference in profitable operations [J]. Industrial Engineering,

1989, 21(10): 25-30.

[10] Perry J. H. Lead time management: private and public sector practices[J]. International Journal of Purchasing and Materials Management, 1990, 26(4): 2-7.

[11] Marlin P. G. Manufacturing lead time accuracy[J]. Journal of Operations Management, 1986, 6(2): 179-202.

[12] Horscroft P, Braithwaite A. Enhancing supply chain efficiency-the strategic lead time approach[J]. International Journal of Logistics Management, 1990, 1(2): 47-52.

[13] Wacker J. G. A theoretical model of manufacturing lead times and their relationship to a manufacturing goal hierarchy[J]. Decision Sciences, 1996, 27(3): 483-517.

[14] Rho B. H, Yu Y. K. A comparative study on the structural relationships of manufacturing practices, lead time and productivity in Japan and Korea[J]. Journal of Operations Management, 1998, 16(2-3): 257-270.

[15] Bertolini M, Bottani E, Rizzi A, Bevilacqua M. Lead time reduction through ICT application in the footwear industry: A case study[J]. International Journal of Production Economics, 2007, 110(1-2): 198-212.

[16] Weng Z. K. Lead-time management in a make-to-order manufacturing firm[J]. Production and Inventory Management Journal, 1998, 39(2): 38-41.

[17] Treville D. S, Shapiro S. D, Hameri A. P. From supply chain to demand chain: the role of lead time reduction in improving demand chain performance[J]. Journal of Operations Management, 2004, 21(6): 613-627.

[18] Tersine R. J, Hummingbird E. A. Lead-time reduction: The search for competitive advantage[J]. International Journal of Operations & Production Management, 1995, 15(2): 8-18.

[19] Bjork K. M, Carlsson C. The effect of flexible lead times on a

paper producer [J]. International Journal of Production Economics, 2007, 107(1): 139-150.

[20] Gross D, Ince JF. A comparison and evaluation of approximate continuous review inventory models [J]. International Journal of Production Research, 1975, 13(1): 9-14.

[21] Burgin T. A. The gamma distribution and inventory control [J]. Operational Research Quarterly, 1975, 26(3): 507-525.

[22] Yeh Q. J, Chang T. C, Chang H. C. An inventory control model with gamma distribution [J]. Microelectronics and Reliability, 1997, 37(8): 1197-1201.

[23] Tadikamalla P. R. The lognormal approximation to the lead time demand in inventory control [J]. Omega, 1979, 7(6): 553-556.

[24] Tadikamalla P. R. The inverse Guassian approximation to the lead time demand [J]. International Journal of Production Research, 1981, 19(2): 213-220.

[25] Tadikamalla P. R. A comparison of several approximations to the lead time demand distribution [J]. Omega, 1984, 12 (6): 575-581.

[26] Shiang L. H, Min-Chiang M. Estimating the lead-time demand distribution when the daily demand is non-normal and autocorrelated [J]. European Journal of Operational Research, 1987, 29(1): 60-69.

[27] Lau H. S, Zhao L. G. An efficient computer procedure for constructing the compound lead-time-demand distribution [J]. Computers & Industrial Engineering, 1989, 16(3): 447-454.

[28] McFadden F. R. On lead time demand distributions [J]. Decision Sciences, 1972, 3(2): 106-126.

[29] Chatfield C, Koehler A. B. On confusing lead time demand with h-period-ahead forecasts [J]. International Journal of Forecasting, 1991, 7(2): 239-240.

[30] Snyder R. D, Koehler A. B, Hyndman R. J, Ord J. K.

Exponential smoothing models: Means and variances for lead-time demand[J]. European Journal of Operational Research, 2004, 158(2): 444-455.

[31] Strijbosch LWG, Heuts RMJ. Modelling (s, Q) inventory systems: Parametric versus non-parametric approximations for the lead time demand distribution [J]. European Journal of Operational Research, 1992, 63(1): 86-101.

[32] Park C. An analysis of the lead time demand distribution derivation in stochastic inventory systems [J]. International Journal of Production Economics, 2007, 105(1): 263-272.

[33] Shore H. Optimal solutions for stochastic inventory models when the lead-time demand distribution is partially specified [J]. International Journal of Production Economics, 1999, 59(3): 477-485.

[34] Brauer D. C. Eeffect of lead time and service level on safety stock for a continuous review inventory system with independent demand[J]. Production & Inventory Management, 1985, 26(2): 146-151.

[35] Chang C. A. The interchangeability of safety stocks and safety lead time[J]. Journal of Operations Management, 1985, 6(1): 35-42.

[36] Eppen G. D, Martin R. K. Determining safety stock in the presence of stochastic lead time and demand[J]. Management Science, 1988, 34(11): 1380-1390.

[37] Hiraki S, Ishii K, Takahashi K, Muramatsu R. The effects of transportation lead-time and safety stock in international cooperative knockdown production systems [J]. Production Planning & Control, 1990, 1(4): 209-221.

[38] Molinder A. Joint optimization of lot-sizes, safety stocks and safety lead times in an MRP system [J]. International Journal of Production Research, 1997, 35(4): 983-994.

[39] Philip T. E, Evers. The effect of lead times of safety stocks[J]. Production and Inventory Management Journal, 1999, 40(2): 6-10.

[40] Sunil C, Gilles R, Maqbool D. The effect of lead time uncertainty on safety stocks[J]. Decision Sciences, 2004, 35(1): 1-24.

[41] David S. L, Yao Z. Safety stock positioning in supply chains with stochastic lead times[J]. Manufacturing & Service Operations Management, 2005, 7(4): 295-318.

[42] James R. B, Lawrence W. R. Improved base-stock approximations for independent stochastic lead times with order crossover[J]. Manufacturing & Service Operations Management, 2005, 7(4): 319-329.

[43] Johansen S. G. Base-stock policies for the lost sales inventory system with Poisson demand and Erlangian lead times[J]. International Journal of Production Economics, 2005, (93-94): 429-437.

[44] Ping W, James A. H. Recursive behavior of safety stock reduction: the effect of lead-time uncertainty[J]. Decision Sciences, 2006, 37(2): 285-290.

[45] Vernon N. H, Chung Y. L, Kut C. S. Optimal component stocking policy for assemble-to-order systems with lead-time-dependent component and product pricing[J]. Management Science, 2006, 52(3): 337-351.

[46] Sourirajan K, Ozsen L, Uzsoy R. A single-product network design model with lead time and safety stock considerations[J]. IIE Transactions, 2007, 39(5): 411-424.

[47] Bagchi U, Hayya J. C, Chao-Hsien C. The effect of lead-time variability: the case of independent demand[J]. Journal of Operations Management, 1986, 6(2): 159-177.

[48] Gerchak Y, Parlar M. Investing in reducing lead-time randomness in continuous-review inventory models[J]. Engineering Costs and

Production Economics, 1991, 21(2): 191-197.

[49] Paknejad M. J, Nasri F, Affisco J. F. Lead-time variability reduction in stochastic inventory models[J]. European Journal of Operational Research, 1992, 62(3): 311-322.

[50] Tallon W. J. The impact of inventory centralization on aggregate safety stock: The variable supply lead time case[J]. Journal of Business Logistics, 1993, 14(1): 185-203.

[51] Brennan L, Gupta S. M. Combined demand and lead time uncertainty with back-ordering in a multi-level product structure environment[J]. Production Planning & Control, 1996, 7(1): 57-67.

[52] William J. C, Richard N. G, Laura B. Variance vs average: supply chain lead-time as a predictor of financial performance[J]. Supply Chain Management, 2007, 12(5): 349-357.

[53] Zipkin P. H. Foundations of Inventory Management[M]. New York: McGraw-Hill Education, 2000: 214-235.

[54] Ben D. M, Raouf A. Inventory models involving lead time as a decision variable[J]. The Journal of the Operational Research Society, 1994, 45(5): 579-582.

[55] Ouyang L. Y, Yeh N. C, Wu K. S. Mixture inventory model with backorders and lost sales for variable lead time[J]. The Journal of the Operational Research Society, 1996, 47(6): 829-832.

[56] Lan S. P, Chu P, Chung C. J, Wan W. J, Lo R. A simple method to locate the optimal solution of the inventory model with variable lead time[J]. Computers & Operations Research, 1999, 26(6): 599-605.

[57] Ouyang L. Y, Wu K. S. A minimax distribution free procedure for mixed inventory model with variable lead time[J]. International Journal of Production Economics, 1998, 56(3): 511-516.

[58] Moon I, Choi S. A note on lead time and distributional assumptions in continuous review inventory models[J]. Computers

& Operations Research, 1998, 25(11): 1007-1012.

[59] Ben D. M, Hariga, M. Some stochastic inventory models with deterministic variable lead time [J]. European Journal of Operational Research, 1999, 113(1): 42-51.

[60] Ouyang L. Y, Wu K. S. Mixture inventory model involving variable lead time with a service level constraint[J]. Computers & Operations Research, 1997, 24(9): 875-883.

[61] Ouyang L. Y, Chuang B. R. A periodic review inventory model involving variable lead time with a service level constraint[J]. International Journal of Systems Science, 2000, 31 (10): 1209-1215.

[62] Chu P, Kuo L. Y, Patrick S. C. Improved inventory models with service level and lead time [J]. Computers & Operations Research, 2005, 32(2): 285-296.

[63] Chang C. T, Chang S. C. On the inventory model with variable lead time and price-quantity discount [J]. The Journal of the Operational Research Society, 2001, 52(10): 1151-1157.

[64] Chang C. T. A linearization approach for inventory models with variable lead time [J]. International Journal of Production Economics, 2005, 96(2): 263-272.

[65] Chang C. T, Chin C. T, Lin M. F. On the single item multi-supplier system with variable lead-time, price-quantity discount, and resource constraints [J]. Applied Mathematics and Computation, 2006, 182(1): 89-97.

[66] Chen K. K, Chang C. T. A seasonal demand inventory model with variable lead time and resource constraints [J]. Applied Mathematical Modelling. In press, accepted manuscript.

[67] Ouyang L. Y, Chuang B. R. Mixture inventory model involving variable lead time and controllable backorder rate[J]. Computers & Industrial Engineering, 2001, 40(4): 339-348.

[68] Lee W. C. Inventory model involving controllable backorder rate

and variable lead time demand with the mixtures of distribution [J]. Applied Mathematics and Computation, 2005, 160(3): 701-717.

[69] 陈志刚,徐渝,贾涛. 基于可控提前期和可变押后订单比例的库存问题研究[J]. 运筹与管理, 2007, 16(1): 76-81.

[70] Lee W. C, Wu J. W, Hsu J. W. Computational algorithm for inventory model with a service level constraint, lead time demand with the mixture of distributions and controllable negative exponential backorder rate [J]. Applied Mathematics and Computation, 2006, 175(2): 1125-1138.

[71] Pan J. C, Hsiao Y. C. Inventory models with back-order discounts and variable lead time [J]. International Journal of Systems Science, 2001, 32(7): 925-929.

[72] Pan, Jason C. H, Lo, et al. Optimal reorder point inventory models with variable lead time and backorder discount considerations [J]. European Journal of Operational Research, 2004, 158(2): 488-505.

[73] Zequeira R. I, Duran A, Gil G. A mixed inventory model with variable lead time and random back-order rate [J]. International Journal of Systems Science, 2005, 36(6): 329-339.

[74] Wu J. W, Lee W. C, Tsai H. Y. Computational algorithmic procedure of optimal inventory policy involving a negative exponential crashing cost and variable lead time demand [J]. Applied Mathematics and Computation, 2007, 184 (2): 798-808.

[75] Lin Y. J. Minimax distribution free procedure with backorder price discount [J]. International Journal of Production Economics. In press, accepted manuscript.

[76] Ouyang L. Y, Hung C. The variable lead time stochastic inventory model with a fuzzy backorder rate [J]. Journal of the Operations Research Society of Japan, 2000, 34(2): 30-45.

[77] Ouyang L. Y, Hung C. A minimax distribution free procedure for mixed inventory models involving variable lead time with fuzzy lost sales[J]. International Journal of Production Economics, 2002, 76(1): 1-12.

[78] Ouyang L. Y, Jing Y. S. A minimax distribution free procedure for mixed inventory model involving variable lead time with fuzzy demand[J]. Computers & Operations Research, 2002, 29(5): 471-487.

[79] Chang H. C, Yao J. S, Ouyang L. Y. Fuzzy mixture inventory model with variable lead-time based on probabilistic fuzzy set and triangular fuzzy number [J]. Mathematical and Computer Modelling, 2004, 39(2-3): 287-304.

[80] Chang H. C, Yao J. S, Ouyang L. Y. Fuzzy mixture inventory model involving fuzzy random variable lead time demand and fuzzy total demand [J]. European Journal of Operational Research, 2006, 169(1): 65-80.

[81] Pan J. C, Yang J. S. A study of an integrated inventory with controllable lead time [J]. International Journal of Production Research, 2002, 40(5): 1263-1273.

[82] Goyal S. K. A note on: On controlling the controllable lead time component in the integrated inventory models [J]. International Journal of Production Research, 2003, 41(12): 2873-2875.

[83] Ben M, Hariga M. Lead-time reduction in a stochastic inventory system with learning consideration [J]. International Journal of Production Research, 2003, 41(3): 571-579.

[84] Zheng S. On properties of stochastic inventory systems [J]. Management Science, 1992, 38(1): 87-103.

[85] Wu K. S, Ouyang L. Y. (Q,r,L) Inventory model with defective items[J]. Computers & Industrial Engineering, 2001, 39(1-2): 173-185.

[86] Lee W. C, Wu J. W, Hou W. B. A note on inventory model

involving variable lead time with defective units for mixtures of distribution[J]. International Journal of Production Economics, 2004, 89(1): 31-44.

[87] Wu J. W, Lee W. C, Tsai H. Y. A note on defective units in an inventory model with sub-lot sampling inspection for variable lead-time demand with the mixture of free distributions [J]. International Transactions in Operational Research, 2004, 11 (3): 341-359.

[88] Wu J. W, Tsai H. Y. Mixture inventory model with back orders and lost sales for variable lead time demand with the mixtures of normal distribution[J]. International Journal of Systems Science, 2001, 32(2): 259-268.

[89] Wu K. S. A mixed inventory model with variable lead time and random supplier capacity [J]. Production Planning & Control, 2001, 12(4): 353-361.

[90] Pan J. C, Hsiao Y. C, Lee C. J. Inventory models with fixed and variable lead time crash costs considerations[J]. The Journal of the Operational Research Society, 2002, 53(9): 1048-1053.

[91] Hoque M. A, Goyal S. K. Some comments on 'Inventory models with fixed and variable lead time crash costs consideration'[J]. The Journal of the Operational Research Society, 2004, 55(6): 674-676.

[92] Emmett L, Wooseung J, Cerry M. K. Minimizing response time in a two-stage supply chain system with variable lead time and stochastic demand [J]. International Journal of Production Research, 2004, 42(11): 2263-2278.

[93] Chandra C, Grabis J. Inventory management with variable lead-time dependent procurement cost[J]. Omega. In press, accepted manuscript.

[94] Bookbinder J. H, Cakanyildirim M. Random lead times and expedited orders in (Q, r) inventory systems [J]. European

Journal of Operational Research, 1999, 115(2): 300-313.

[95] Ryu S. W, Lee K. K. A stochastic inventory model of dual sourced supply chain with lead-time reduction[J]. International Journal of Production Economics, 2003, 81(3): 513-524.

[96] Forrester J. W. Industrial dynamics [M]. Cambridge, Mass: M. I. T. Press, 1961.

[97] G. D. Johnson, H. E. Thompson. Optimality of myopic inventory policies for certain dependent demand processes[J]. Management Science Series a-Theory, 1975,21: 1303-1307.

[98] W. S. Lovejoy. Myopic policies for some inventory models with uncertain demand distributions[J]. Management Science, 1990, 36: 724-738.

[99] H Lee, S. J Whang. Decentralized multi-echelon supply chains: Incentives and information[J]. Management Science, 1999, 45: 633-640.

[100] H Gurnani, C. S Tang. Note: Optimal ordering decisions with uncertain cost and demand forecast updating[J]. Management Science, 1999, 45: 1456-1462.

[101] S Huang, Y Yang, K Anderson. A theory of finitely durable goods monopoly with used-goods market and transaction costs[J]. Management Science, 2001, 47: 1515-1532.

[102] J. M Hsu, X. M Wang, CC Wu. The role of earnings information in corporate dividend decisions[J]. Management Science, 1998, 44: 173-191.

[103] H. Scarf . Bayes solutions of the statistical inventory problem[J]. Annals of Mathematical Statistics, 1959, 30: 490-508.

[104] Rao U, Scheller W, Tayur S. Development of arapid-response supply chain at caterpillar[J]. Operations research, 2000, 48(2): 189-204.

[105] Ha, J. K, K Shanker. A single-vendor single-buyer production-

inventory model with controllable lead time and service level constraint for decaying items [J]. International journal of production research, 2009, 47(24): 6875-6898.

[106] Whittmore A. S, Saunders S. C. Optimal inventory under stochastic demand with two supply options[J]. SIAM journal of applied mathematics. 1977, 32: 293-305.

[107] Plambeck E, Ward A. Note: A separation principle for a class of assemble-to-order systems with expediting [J]. Operations research, 2006, 55(3): 603-609.

[108] Axsater S. A heuristic for triggering emergency orders in an inventory system[J]. European Journal of Operational Research, 2007, 176(2): 880-891.

[109] Chiang C. Optimal control policy for a standing order inventory system[J]. European Journal of Operational Research, 2007, 182(2): 695-703.

[110] Yu H, Zeng A. Z, Zhao L. Single or dual sourcing: decision-making in the presence of supply chain disruption risks [J]. Omega, 2009, 37(4): 788-800.

[111] Allen, D'Esopo. An ordering policy for stock items when delivery can be expedited[J]. Operations research,1968, 16(4): 4-10.

[112] Lawson D. G. , Porteus, E. L. Multistage inventory management with expediting [J]. Operations research, 2000, 48 (6), 878-893.

[113] Bregman R. L. A heuristic procedure for solving the dynamic probabilistic project expediting problem[J]. European Journal of Operational Research, 2009, 192(1): 125-137.

[114] Duran A. G, Gutierrez G, Zequeira R. I. A continuous review inventory model with order expediting[J]. International Journal of Production Economics, 2004, 87(2): 157-169.

[115] Chiang C. An order expediting policy for continuous review systems with manufacturing lead-time [J]. European Journal of

Operational Research, 2010, 203(2): 526-531.

[116] G. P. Cachon, R. Swinney. The Value of Fast Fashion: Quick Response, Enhanced Design, and Strategic Consumer Behavior[J]. Management Science, 2011, 57: 778-795.

[117] H Krishnan, R Kapuscinski, D. A. Butz. Quick response and retailer effort[J]. Management Science, 2010, 56: 962-977.

[118] F. C. S. P. Sethi. Optimality of (s, S) policies in inventory models with markovian demand[J]. Operations Research, 1997, 45: 931-939.

[119] Hadley G. A comparison of order quantities computed using the average annual cost and the discounted cost[J]. Management Science, 1964, 10(3): 472-476.

[120] Davis R. A, Gaither N. Optimal ordering policies under conditions of extended payment privileges [J]. Management Science, 1985, 31(4): 499-509.

[121] Datta T. K, Pal A. K. Effects of inflation and time-value of money on an inventory model with linear time-dependent demand rate and shortages [J]. European Journal of Operational Research, 1991, 52(3): 326-333.

[122] Moon I, Yun W. An economic order quantity model with a random planning horizon[J]. The Engineering Economist, 1993, 39(1): 77-87.

[123] Sarker B. R, Pan H. C. Effects of inflation and the time value of money on order quantity and allowable shortage[J]. International Journal of Production Economics, 1994, 34(1): 65-72.

[124] Ray J, Chaudhuri K. S. An EOQ model with stock-dependent demand, shortage, inflation and time discounting [J]. International Journal of Production Economics, 1997, 53(2): 171-180.

[125] Yang P. C, Wee H. M. An excess inventory model of deteriorating items taking account of present value[J]. The Engineering

Economist, 2001, 46(2): 139-152.

[126] Chang H. J, Hung C. H, Dye C. Y. A finite time horizon inventory model with deterioration and time-value of money under the conditions of permissible delay in payments[J]. International Journal of Systems Science, 2002, 33(2): 141-151.

[127] Balkhi Z. T. An optimal solution of a general lot size inventory model with deteriorated and imperfect products, taking into account inflation and time value of money [J]. International Journal of Systems Science, 2004, 35(2): 87-96.

[128] Moon I, Giri B. C, Ko B. Economic order quantity models for deteriorating items under inflation and time discounting [J]. European Journal of Operational Research, 2005, 162(3): 773-785.

[129] Shah N. H. Inventory model for deteriorating items and time value of money for a finite time horizon under the permissible delay in payments[J]. International Journal of Systems Science, 2006, 37(1): 9-15.

[130] Silver E. A, Pyke D. F, Peterson R. Inventory Management and Production Planning and Scheduling [M]. New York: John Wiley, 1998: 235-249.

[131] Morgan F. W. Managing the cost-service relationship through backorder control[J]. Industrial Marketing Management, 1979, 8(3): 246-249.

[132] Cheng TCE. EOQ with limited backorder delays[J]. Computers & Operations Research, 1986, 13(4): 477-480.

[133] Chen F, Zheng Y. S. Inventory models with general backorder costs[J]. European Journal of Operational Research, 1993, 65 (2): 175-186.

[134] Rabinowitz G, Mehrez A, Wu C. C, et al. A partial backorder control for continuous review (r, Q) inventory system with poisson demand and constant lead time [J]. Computers &

Operations Research, 1995, 22(7): 689-700.

[135] Chen S. H, Wang C. C, Arthur R. Backorder fuzzy inventory model under function principle[J]. Information Sciences, 1996, 95(1-2): 71-79.

[136] Abad P. L. Optimal price and order size for a reseller under partial backordering [J]. Computers & Operations Research, 2001, 28(1): 53-65.

[137] Babak G. J, Shultes B. C, Haji R. A multi-product continuous review inventory system with stochastic demand, backorders, and a budget constraint [J]. European Journal of Operational Research, 2004, 158(2): 456-469.

[138] Chu C. W, Patuwo B. E, Mehrez A, et al. A dynamic two-segment partial backorder control of (r,Q) inventory system[J]. Computers & Operations Research, 2001, 28(10): 935-953.

[139] San L. A, Sicilia J, Garcia L. Analysis of an inventory system with exponential partial backordering[J]. International Journal of Production Economics, 2006, 100(1): 76-86.

[140] Emmett JEJ. Advanced supply chain planning with mixtures of backorders, lost sales, and lost contract[J]. European Journal of Operational Research, 2007, 181(1): 168-183.

[141] Goyal S. K. An integrated inventory model for a single supplier–single customer problem[J]. International Journal of Production Research, 1976, 15(1): 107-111.

[142] Banerjee A. A joint economic-lot-size model for purchaser and vendor[J]. Decision Sciences, 1986, 17(3): 292-311.

[143] Goyal S. K. A joint economic-lot-size model for purchaser and vendor: Acomment [J]. Decision Sciences, 1988, 19 (1): 236-241.

[144] Lu L. A one-vendor multi-buyer integrated inventory model[J]. European Journal of Operational Research, 1995, 81 (2): 312-323.

[145] Goyal S. K, Srinivasan G. The individually responsible and rational decision approach to economic lot sizes for one vendor and many purchasers: A comment[J]. Decision Sciences, 1992, 23(3): 777-784.

[146] Ha D, Kim, S. L. Implementation of JIT purchasing: an integrated approach[J]. Production Planning & Control, 1997, 8(2):152-157.

[147] Hill R. M. The optimal production and shipment policy for the single-vendor single-buyer integrated production-inventory problem[J]. International Journal of Production Research, 1999, 37(11): 2463-2475.

[148] Goyal S. K, Nebebe F. Determination of economic production-shipment policy for a single-vendor - single-buyer system[J]. European Journal of Operational Research, 2000, 121(1): 175-178.

[149] Keller G, Noori H. Impact of investing in quality improvement on the lot size model[J]. OMEGA The International Journal of Management Science, 1988, 16(6): 595-601.

[150] Rau H, Ouyang B. C. An optimal batch size for integrated production-inventory policy in a supply chain[J]. European Journal of Operational Research, 2008, 185(2): 619-634.

[151] Ben M, Noman S. M. Integrated inventory and inspection policies for stochastic demand [J]. European Journal of Operational Research, 2008, 185(1): 159-169.

[152] Chung, Kun J. A necessary and sufficient condition for the existence of the optimal solution of a single-vendor single-buyer integrated production-inventory model with process unreliability consideration [J]. International Journal of Production Economics. 2008,113: 269-274.

[153] Ho C. H, Ouyang L. Y, Su C. H. Optimal pricing, shipment and payment policy for an integrated supplier-buyer inventory model

with two-part trade credit [J]. European Journal of Operational Research, 2008, 187: 496-510.

[154] Chen L. H, Kang F. S. Integrated vendor-buyer cooperative inventory models with variant permissible delay in payments[J]. European Journal of Operational Research, 2007, 183(2): 658-673.

[155] Cachon G. P, Swinney R. The value of fast fashion: quick response, enhanced design, and strategic consumer behavior [J]. Management Science, 2011, 57: 778-795.

[156] Krishnan H, Kapuscinski R, Butz D. A. Quick response and retailer effort [J]. Management Science, 2010, 56 (6): 962-977.

[157] SP. Sethi. Optimality of (s, s) policies in inventory models with markovian demand. Operations Research, 1997, 46 (6): 931-939.

[158] Sethi S. P, Yan H, Zhang H. Peeling layers of an onion: Inventory model with multiple delivery modes and forecast updates[J]. Journal of optimization theory application, 2001, 108: 253-281.